長得正很重要？

外貌影響人生宿命實例剖析

伍立楊 著

目次

Chapter 1

Chapter 2

Chapter 5

Chapter 6

Chapter 7

Chapter 1

先天決定

世上的人，雖然都以人字來統稱，但他們的差別，還是大得像人與動物的區別、大得像死人與活人的區別。僅以外貌這到眼即辨的特徵來說，那真是千奇百怪的，思之令人驚詫莫名。有的是林黛玉型，像一棵柔弱的燈心草，有的是吃生豬腿的樊噲型，像一塊冥頑不化的生鐵。有的長得像肉蓯蓉，有的長得像黃鼠狼，有的像犰狳，有的像海蜒，有的像鵜鶘，有的像篾黃；有人生來就是一副怔忪的樣子，有人像鰾膠一樣膩味；蒲寧筆下的人物嘴巴已到了耳朵邊上，王小波的《黃金時代》裏面一官宦長得像男性生殖器，愣頭愣腦，十分不堪、極為不雅觀；……有的時代，人們像倭瓜一樣，集體失憶兼集體失意；有的時代，人們像注射了興奮劑，狼奔豕突，跳樑叫囂，他們的外貌大都呈扭曲狀態；有的時代，志士過時有餘香，生龍活虎中埋藏著拔箭斫地的深沉傷感。

一代代的人物過去了，一波一波的後來者在重複著他們的軌跡，從肉身到靈魂。若說名字是識別一個人的抽象符號，外貌則是識別一個人的形象符號。

相貌是天然名片

相貌決定於遺傳，是一種「天生」，由不得個人喜好。正如世上沒有兩片相同的樹葉、指紋，大約也沒有完全等同的人臉——雙胞胎也有細微差別。這是有個事實存在著的「多元並存格局」，當中包含巨大的「斷裂局面」和「分裂現象」。假如將職業、性格、教養、年齡、出身綜而觀之，則人的相貌對峙的懸殊，彷彿隔著深淵，永無緩和的跡像。性格影響人的判斷能力，也影響相貌及外形，因為生理、疾病、心態、人格、行為是一個密切聯絡的鏈條。相貌甚至寫著人與人之間不平等的起源。歷史上的暴君和野心政客，遠如秦始皇，近如希特勒，均是為人暴戾奸詐陰沉之輩，外貌怪異扭曲。敢作敢為極有擔當的政治家多穩健睿智外貌大氣方正之人，像美國第一任總統華盛頓和第三任總統傑弗遜；一九四零年代，羅斯福總統尤具有大開大合的手腕，令人領略他第一流政治家的風度，他提拔在野黨的人物入閣擔任他的陸軍部長，執掌國防要政，胸襟是何等的寬大，他們都是人中之龍。而鼠竊狗偷禍民誤國之徒，通常都是奴性太深，奸詐陰損、優柔寡斷者，其神色苦惱低落，遊移不定，乃雞鳴狗盜沐猴而冠之相。因此各種臉相，都不僅僅是一種識別符號，而更是一種性格符號，有令人起敬、傷感、笑罵、悲痛的各種情緒。民國初年，那些傲骨嶙峋的鐵血書生，愛誦「十有九輸天下事，百無一可眼中人」之句，對惡劣政治下的人群，就是連其相貌，也很沒有好感的。

人的相貌原有一定格局。此即所謂生命形成的保真性，受精卵收到生長指令後，即開始分裂，引發複雜的生命形成過程。人的相貌樣子取決於上一代的基因，但也可能會有變異發生，胚胎不是在真空中發育的，所以它受制於周圍的環境，倘若胚胎失去了必要的營養，或受到毒品、酒精、煙草的危害，則胎兒的面容及身體都大受影響，發生病變，失卻保真性。美國科學家曾經實驗，當人生氣時，其所呼吸的液體渾濁；此時的分泌物甚至可以毒死一隻老鼠，科學家因此得出結論；人很大程度上不是老死的，而是被氣死的。心理的畸變的外化即是相貌。外貌與心理有如樹木的年輪與樹齡。相貌乃先天決定。但在後天卻有著甚至是本質的變化，諺云：「不要生氣，生氣會變醜。」國總統林肯的好友曾向其薦人任職，林肯拒之。對方說：「怎麼能以相貌判別高下好壞呢」？林肯答曰：「四十歲以後每個人得對自己的相貌負責。」從這裏可以看出相貌與心理的重大聯繫，心術不正或者心有旁騖者其資訊隱約的寫在他的臉上。也即是說，性格與心理對相貌實施「內控」——秘密統治。

從生物本能到社會行爲

外貌彷彿是一張天然名片，提供給陌生人的第一資訊。歷史上種種一見鍾情、黯然銷魂的故事，首先即是要過相貌這一關。也就在這一見之下，相貌變成了森嚴的壁壘，從此變成交流的障礙。這都是在生活中任何時間地點高幾率隨時發生著的。德國心理學家布理機特曾經做過實驗，他說通過觀察相貌，試探一個陌生異性，只需要五秒鐘，就能夠評估出彼此的意願。他們的願望是否強烈，或者根本沒有什麼意向，都可以在這五秒鐘內大致明瞭。一般地說，女人是通過男人的臉，判斷他所處的經濟地位，以及猜想他的教育程度、他的心理年齡和實際年齡，他是否有修養，等等。至於男人的目光則往往從女人的相貌向下掃視，即已探測到各部位的實際功能。在動物界中的昆蟲和禽獸，雄性總是比雌性漂亮和張揚；而在人類中，男人更注重女性的外貌魅力，女人呢，則更在乎男人的社會地位和經濟實力。但無論魅力非凡或者其貌不揚，總有一些標準和特徵被作為外貌的附加體現，而期待著。世間常見陌生異性接觸之初，女人在自己的外貌上總是著墨比較多，而男人則婉轉地描述自己的經濟地位。這事情和生物學並不矛盾。人類的求愛行為是服務於傳宗接代的，其間都有一定的信號程式，女人體貌上的魅力及青春暗示著她的健康狀況和生殖能力，因此男人對其外觀特別注重。女人則因為要撫養後代，以及能夠保障後代安全的因素，所以其關注點超乎相貌之外，這其實並不矛盾。

相貌資訊——精神的原子彈

古往今來藝術家的作為實際上也是在詢問，人的魅力來自何方？今天則有科學家加入，試圖解答這個由詩人、畫家、藝術家們關注的問題，美國心理學家南茜・愛特考芙直截了當說：「我們必須先理解美貌，否則將永遠受制於它。」

這位心理學家顯然深感容貌的重要性，平庸與魅力非凡，其原因往往超出我們平時的認知之外。專家的研究結論出乎我們的意料，譬如一個女孩子的美貌可能不僅是注視者眼中的那種感覺。和饑餓覓食的感覺一樣，對美貌的感覺可能也只是一種長期進化而成的、普遍有效的行為驅動的結果，這指的就是優勝劣汰的自然法則。

民間的美女情結，譬如吳地至今有西施灣、西施濱、西施香汗池、西施錦帆涇，食中則有西子臂，西施舌，西施乳等等名堂，一個古來的美色婦人，在後人不依不饒的比方中，強栽她頭上的禍害吳國，也可忽略不計了，可見其普遍顧盼的念頭。美貌女子而有才華的，古人一般都將他們捧上天，說她們是天然美玉，現世瓊瑤。要為天地珍護至寶。而且以誇張手法出之，證明其合理性，說是天地間的至理和常理，怎見得？他們說「若是老天不好色，嫦娥怎占廣寒宮。」精神生物學家們舉證說，漂亮俊俏的男女不僅能獲得異性更多的注意，從小會有父母偏心的關愛，走入社會工薪更多，如參選，則選票得來較易，即在法庭上還能得到更多的同情與寬容，雖然古往今來的諺語因為漂亮面孔笨肚腸，但其研究結果證明，比起相貌平庸的同事來，美貌的男女往往更易與人相處，更有能力、更健康、自信，甚至是更聰明。美貌似乎也因此具有了某種價值，近年互聯網上有公開拍賣漂亮模特兒的卵子者，就是對這種大眾心理和價值取向的很好例證。

嬰兒也向美貌示好

還是在二十多年前的時候，美國學者朗洛伊斯做論文答辯，她的研究方向是學齡前兒童如何保持友誼。有一位教授建議她考慮孩子們的相貌因素，她感到錯愕，為什麼呢？她覺得相貌對少年以上的孩子產生影響還說得過去，幼兒也能解此？她很疑惑。論文答辯事後，她卻產生好奇心，她想得出到底從多大年紀開始，人才能感受得到他人身體和容貌上的吸引力。她後來取得對美貌研究的重大突破。

朗洛伊斯後來任教於德克薩斯大學，她試圖從相貌找到突破口。其中一個實驗針對幼兒，先準備一套按吸引力大小排列的人的面部照片，然後兩個一組，分別是一美一醜，放映給六個月大的嬰兒看，以測試他們的反應。「結果直接了當、非常明確，」朗洛伊斯博士說，「嬰兒們會長時間地盯著較有吸引力的臉看，而不管這張臉的性別、種族或是年齡。」

朗洛伊斯認為，除非人生來就有某種對相貌美醜的感知，也就是說，在人的意識裏，可能實際存在著一張「應該如此」的「標準」的臉，否則就無法解釋她的實驗結果。

美國哈佛大學學者南茜・埃特考夫從科學的角度研究容貌、人體的美，作為基因進化的動力，它的特性——

我們何以如此看重事物的外表呢？這是牽涉到進化類型的問題。外表一直是人們明白事理的嚮導，有時甚至是唯一的嚮導，讓我們得以分辨事物的好壞。水果上的褐色斑點和它褶皺的表皮表明，它已經熟過頭了；如果皮還是青的，就說明它尚未成熟。生物學家喬治・奧里安斯相信，人們普遍對風景地區感到興趣，是因為它們對人意味著安全和保護。他與裘蒂斯・賀華根合作，對畫家、花匠、攝影師及其他人進行了一次調查研究，讓他們評論哪一種風景最美。結果發現，人們喜歡起伏不平，又有大樹、能望見地平線、有小徑穿插的地方。蓋此種風景給人心提供良好的庇護，及安全感。古人認為，人的臉龐預示了人的個性和人格。托爾斯泰就曾經悲歎說：「人們認為美即是善，這是多麼令人驚訝的謬見啊！」正如我們將要看到的，善，至少是道德上的善，與美是毫無關係的。

據大洋網訊，在歐美頗有名氣的成人雜誌《花花公子》曾經借戰爭作秀，推出了為戰地美軍送書的「犒勞活動」。在伊拉克戰場上的美國大兵只要按照規定與該雜誌取得聯繫，就可以得到有美女模特親筆簽名的圖片，還可以跟「花花女郎」們通過電子郵件做「網上交流」。此事有點意思，蓋家國、民主、自由這些理念是大範疇的概念，而異性的美貌，在自由的價值觀念下，人更有它成其為人的地方，所以，女郎的照片對士兵的情感照拂可以起到嚮導的安養作用。

雌雄的追逐，相貌是關鍵——動物與人

博物學大家達爾文曾觀察到，很多雄類蝴蝶追逐一雌類蝴蝶，這個求偶行動，在人看來，乃極為可厭之事。「我曾屢次察見一雄類或數雄類圍繞一雌類，費時甚久，至予眼既倦，不能待其完成。」（馬君武譯本《人類原始及類擇》民國二十一年商務印書館）達爾文的一位科學家朋友也告訴他，他曾經多次守視，但見一雄類追逐一雌類，歷時一刻鐘，此雌類竟堅拒之，最後飛落於地，閉束其羽翼，以免其接近。期間，它們大施至剛至柔之術，不在乎喜怒形於色。

蝴蝶何以花如此之大的力氣求偶，其實是有前提的和明確的目的的。那就是雄蝶具有難言的鮮豔色澤也即通身美妙的外形。雌類尤為愛好美麗的雄類，最能為彼之裝飾所激動。在此，

性，這一動物傳種的依據，是依著美麗的外型來啟動的。蝴蝶甚且能依據顏色發現花朵。雄類也在自然的淘汰中加強其色澤的改進。紛紜的雄類圍繞一雌類翩翩起舞，後者就開始選擇。因此交合必然委諸機會。如果雌類常時或間時選中更美麗之雄類，那麼，可驚的是，後者之顏色將逐漸增加其鮮明豔麗。

王實甫《西廂記》雜劇第一折有精彩片段，一般演出時把這部分叫「驚豔」，當崔鶯鶯拈花枝上場的時候，張生喜心翻倒。好像遇到了神仙，心情諸般不能自持。「顛不剌的見了萬千，似這般可喜娘兒忒罕曾見。」他亂了方寸、意馬心猿，好像中了風魔一般「魂靈兒飛在半天」。

女人的形象，外表、相貌等等，激發了他的本能，整個外形，都等諸生殖的符號。「行一步可人憐。解舞腰肢嬌又軟，千般嫋娜，萬般旖旎」，佩環聲漸行漸遠，他還在那裏站著「餓眼望將穿饞口涎空咽，空著我透骨髓相思病染，怎當他臨去秋波那一轉！休道是小生，便是鐵石人也意惹情牽。」整個兒一個不依不饒。等到確知崔小姐有了投合的意思，張書生也和雄類蝴蝶同樣的「顏色將逐漸增加其鮮明豔麗」。

在動物界，雄類較雌類更為美麗鮮豔，乃因雌類在歷代的選擇中，著眼於吸引力強大的雄類，且與之配合。動物界中，雄類展示其美，實有其終極目的。雌類實行有意識的審查，唯最美麗最善歌唱或最勇敢的雄類，方能激勵之吸引之。錦雞展示其美麗之第一羽翼，舉起它的有眼斑的羽毛，恰合適當位置，使自己得以完全表現，這種為著交合的配合決非偶然之事，它們的外形乃是其媚惑力的前提，故其裝飾的特性還會在自然淘汰中得以改進。雌類的選擇等於是一種督促，以引起雄類外形的變更。

人類在根底上也是一種動物。故其女性認為最美好英俊富於吸引力的男性，將較別的男性得偶更易，其所遺留的後裔也更多。但人跟動物的根本區別又終於其具有強大的社會性這一點。在人類中，女性為著吸引男性，乃徐增其美，現代美容術極其發達，有所謂「刀下美人」之稱，但人類的女性選擇雄類的配合，並不完全依據動物界的通例，反而有完全相反的傾向。因為金錢和權力的介入，男女之間的選擇甚至有倒了個兒的情形。那些掌握生活資源生產資源的男性，雖然備極醜陋齷齪，反而霸佔極多的傳種機會，而人類的逆淘汰機制也就深入的潛伏在社會運行之中，造成極大破壞和進化的停滯。司馬遷在《伯夷叔齊列傳》中憤懣地感慨，說是善弄權的混蛋，日殺千人，心理變態，一肚子壞水，心狠手辣，這樣的人，往往香火旺盛，子孫滿堂，據說有天道和潛在的公道，有嗎？司馬遷表示極大的懷疑。同理，人類在性的選擇上，道理和動物界是沒有大的例外，事實是，善良、同情心、美德、謙讓、智慧等等，往往也敵不過那些陰損的招數，也因此，人的外形外貌，在人類的起源中，曾經發生決定的作用，而到後來的所謂衰世，外形和相貌殊不足依恃，性的選擇造成反常的遺傳聯想原理。所以人的雌雄淘汰形式和動物界的情形在某種意義上是相反的。

嬌態法則

性，是一種動物的本能，與人類動物的生成同時俱在的。所謂「男女之大欲存焉」。是生殖繁衍先天安排。不過獸類的交配期基本上有個季節範圍，不是隨時隨地可以進行；為了保持種族的優良，在交配之前，雄性之間還有一個「優勝劣汰」的競爭過程。人類的交配期早先是不是也固定在某一個季節（一說為春季，一說為夏季），至今沒有定論，但是男女之間的「雙向選擇」和男性之間「優勝劣汰」的體魄競爭則與動物形略異而質地全同。有研究表明，獸類的交配，無一例外地都是雄性在雌性的背後，古人類或古猿人從背後交配發展到面對面交配以後，同一過程中相貌眼神作最近距離的融會交流，逐漸增加了交配的情趣和快感，所以，美貌與否，關係到感官的刺激與滿足，而這又是人類傳承的動力之源。這當中，人類與動物，都天生會使用「胡蘿蔔加大棒」的政策。

達爾文以為，人類祖先還在野蠻的時候，男子為了佔有漂亮女人，開始了漫長的競爭。那時候，強力和體格極其重要，當中又要攙雜堅韌的毅力及動腦筋，方有勝券可操，人類和跟一切合群動物一樣，較老之牡類為著保護其牝類之故，屢起戰爭，到了製造、改進武器，來獵獲動物的時候，人類的觀察、理解、發明、想像都大為增進。這類能力慢慢變成了遺傳基因。倘若人的體力骨骼相似，其在競爭中勝出的關鍵，則終於堅韌和智力的優越，達爾文甚至說，天才即忍耐，他以為，忍耐表示有更高的想像力和理解力，而不僅僅是不屈不撓之堅韌。

達爾文相信，譬如雄孔雀裝飾極美之羽毛，遠勝於雌孔雀，也是因為競爭淘汰過程中形成，那麼，准此，我們也似乎可以說，雌雄競爭及淘汰的過程，人的先天和後天的面貌變化，也在隨機進行。或更具深沉氣質，或更憔悴衰朽，或更英挺俊朗，或更市井庸常，或更嗒然若喪，或更歪瓜裂棗……

美國影星溫斯萊特素有「肥溫」之稱，二〇〇二年她為某大雜誌拍攝封面時瘦了不少。其間她也有頗多矛盾不解，她說，「據我所知，男人都喜歡有個大屁股對著他，可女人為什麼老想瘦呢？」（三聯生活週刊二〇〇三年第七期）這裏有對時尚無可奈何的認可，有對生物本性的看透，有審美獨立的企求，也有不由自主的隨波逐流——這個波是時尚的波動起伏。

科幻小說《把所有的愛留給你》外星空間人，也一樣有人心底裏揮之不去的美女情結：「映現在我眼前的，是一個典型的現代美女；瓜子臉、寬而豐滿的嘴唇、挺鼻，高而窈窕；兼具美貌氣質的美……我往後挪開了一步。我習慣和別人隔著距離。」這可真是身在太空，心在人間；說得上是「狗熊所見略同」了。

古本小說中的老套開場詩「好色原兼性與情，故令人欲險難平」，也約略說明美色的生物性背景。有時，人生的走向都由這種情慾所左右，意北而北，意南而南，這個念頭一動，就是有回天拔山之力，也無法能夠牽制他的了。

競爭中的美醜生死

在很長久的時代，人類把自己視為宇宙的特殊存在。後來放棄了這種虛榮心，曉得不過是一種兩腳獸類而已。只是它是各種動物著最為伶俐的。尤其以腦髓顯著發達才和別的哺乳動物相區別開來。

在動物中，生殖選擇的第一關是即關乎人的外貌。人類和別的動物區別之處，也在於他們發展了以性的結合為目的的婚姻制度，這是最絕對的生物學不要之一。即以性慾的滿足為目的，而性慾乃是為種類的保存而策動人類意識的衝動。在此，美是功利的成果，而生殖是營養的成果。大自然是無意識的，它促進盲動的行為和結果。但在這整體的盲動中，動物的淘汰與選擇卻有尖銳的目的。在活潑的大自然中，種種細微的原因，隨處都在發生偉大的作用。弄出許多奇妙的現象。在所有的慾望中，最大的即是夏娃對亞當的那種誘惑，能夠攪亂人心的任何熱情的勢力，沒有超過異性相戀愛的感覺迷醉理性的力量。所以，戀愛成了最高尚藝術、音樂詩歌的源泉，是文明最有利的推動。但另一方面戀愛也是禍害的毒焰。說起來，科學家證明，最初，這一切不外乎兩個相異的細胞，即精子細胞與卵子細胞選擇親和的結果。人之男女看異性的美，在程度上，也彷彿那超自然的效果，在生殖的底蘊中，像預留的電腦程式一樣，蠢蠢欲動，進而萌發衍生。所以，在這方面，人是傀儡般受制約支配的。

在動物的交尾期，那就是發情期。這個時候它們的羽毛鱗介繁密的增加其色彩，交尾過去方才恢復原狀。有的還有表皮的變形物，一為決鬥的作用，一為引誘雌性的裝飾。在它們看來，這時候，雄性極為美觀壯麗，法國近代人類學家魯妥努曾親眼觀察到，它們以發狂的樣子性交，雌的蛤蟆被雄的抱著窒息而死，這位科學家的另一朋友，又觀測到，它們先以美裝誘惑異性，然後雄蛙在交尾之際，有人把它的腿切斷，但他還繼續幹著他的工作。在此，外形外貌的美麗色彩，是與誘惑同步發生的。這方面，它們永遠沒有「夜行人吹口哨」的虛怯。

香餌之下，必有死魚。大多數的昆蟲中，戀愛與死亡幾乎就是同義詞。其狂熱的態度，首要就是又一種叫做「嬌態法則」的普遍事實在起作用。一般的種類中，雌性先是拒絕雄者的撫愛，其結果使雄者更加興奮，愈增其美，在魚類裏面，雄性發展出華美的色彩，圍到雌魚的四周，擺動它的鰭，上竄下跳，以討歡心，以做誘惑，盡其所有，表現一時之美。同時，在雄性中，伴隨這嬌態法則，還有鬥爭法則，為其性交機會的取得展開猛烈爭鬥。愈是高等動物，這兩種渴望，愈加強烈，即愈會增加美與力。所以，美的外觀之下，我們即可判定，這是雌雄淘汰的影響在發生作用，在發揮潛勢，且無論怎樣看似平靜，其內裏卻像火上加油一樣熱烈。此刻大家都在證明「馬王爺有三隻眼」——了不起。

雲雀的雄性的尾巴，在交尾季節，像貴夫人手中的扇子展開又收縮，不但外形華美，連鳴叫的聲音也特別悅耳。倘若有別的雄雀來侵襲，它們就會奮起狂暴的攻擊戰鬥。此時，如果雌性退出場面飛走，戰鬥即馬上停止，一窩蜂的追隨雌性飛翔而去。

戰鬥和身體的美麗增飾，圍繞戀愛的目的，偶爾也會純粹為了誇示其華美，作一種有禮讓的表演。這個，就有點像人類中的「為藝術而藝術」了。在這樣的時刻，變數中有常數。鳥類展示其美，演出其「嬌態法則」，他們中的醜陋者，或色氣較差的，就會沈默地退守在旁邊，淒清向隅，明顯的意識到它自己的羽毛不美。

澳洲的掠鳥，對它們自然的生理之美尚不滿足，還會借助外部裝飾。它們在山地或石隙建造小屋，銜來樹葉、羽毛、貝殼加意裝飾，那是它們戀愛的演技場。有的還會在小屋周圍培養青苔的草茵，旁邊放置石子呀堅果呀花草呀等等，造成娛心醒目的景像。此種建築物可葆幾年的堅固，假如以此來衡量劣等的人群，它們的美感，還遠遠超乎其上呢。

性力量的再證明

「愛神」論者把愛情歸結為超個人情感的愛神，或者歸結為「宇宙靈魂」的表現。「自然屬性」論者把愛情完全歸於人的自然屬性。休謨在《人性論》中愛情歸為「美貌」、「性慾」、「好感」三個方面；這種觀點是從人的某些個性特徵來解釋愛情的本質，他看得很准，聚焦定位具有卓見。恩格斯認為愛情就是「人們彼此間以相互傾慕為基礎的關係。」那傾慕的基礎是什麼呢，還要到休謨的「美貌、性慾、好感」這些論點中去落實。

《史記》扁鵲傳中，寫到某王的侍女韓女，因長期渴望美男而不得，終於病倒，要請名醫來醫治。但這藥方，是不好開的。因為只有一種「藥」，其他草藥都是虛設。在性愛的審美體驗中，物慾（性慾）構成了審美衝動的本源，或說審美衝動激發了物慾（性慾）。人類與動物相近，天生對生命力的色彩和造型的事物發生好感。這樣一來，在自然界，所有求偶的動物，都拼命向異性展示健康和青春賦予自己的形態的美貌，其間，那些有殘疾拖累因而缺乏外形美感者，以及「年老色衰」的動物，就被異性無情地否定、淘汰了——大自然為了保持其自身永久的生命循環，就對手下的某些欠缺或喪失了生命力之美的個體表現出殘酷無情。所以，「喜新厭舊」在異性對動物的審美中普遍地、必然地存在著（它證明審美和道德、利害無關），人類只是出於高尚道德的考慮，才竭力壓抑這種自然本性，甚至把它作為不道德來批判。

人物臉譜化的可能性

人的外表的實際被注重的程度有時超乎我們的想像，美國當代女小說家瑪麗琳‧弗倫奇在《女人的房間》中說「所有的男人都是強姦犯——他們用他們的眼睛來強姦我們。」這大抵也就是賈寶玉所說的意淫，通常由相貌的種種特徵而引發，漸漸不可收拾。

在中世紀的時候，威尼斯駐英國的大使向本國報告英國王后的生活，她的相貌要詳細寫在文書裏頭。關於亨利八世的妻子安妮‧博林，大使的報告寫到「她並不特別漂亮，她皮膚偏黑、脖子長、嘴巴寬、胸部下垂，沒有什麼特別之處，除了國王為她著迷，可能是她烏黑閃爍的眼睛起了非常重要的作用。」報告相貌相當於一種情報。而西哲說：「性格決定命運。」那麼，有無可能從面相判斷一個人的性格呢？中國的京劇將人物「臉譜」化，意在將典型人物的性格大白於天下，而典型人物又是一般人群的歸納代表，如包公黑臉，表示公正；關公紅臉，表示仗義；曹操白臉，表示奸詐。這樣，人歸類，類型又歸於臉譜，則人人都可以從臉譜找到自己性格的依據。人物臉譜化何以具有成立的可能？來自於長期的生活經驗的歸納，看不見的抽象的性格必然與形象化的面相相結合落實。中國人還有十二屬相之說，意在通過動物折射出人的性格，無論形神，皆有合似之處。所以，我們常以動物喻人。

美貌與生命安慰

《悲慘世界》第六章，寫主人翁的心理活動——他感到在他腦子裏燃起了一團熾炭。她居然來就他，多大的喜悅啊！並且她又是怎樣望著他的呵！她的相貌，比起他從前見到的顯得更加美麗了。她的美是由女性美和天仙美合成的，是要使彼特拉克歌唱、但丁拜倒的完全的美。他好像已在遨遊碧空了——在這裏，美又是苦難社會中的莫大安慰，以及生命之所以生存下去的意義和底蘊。它像神奇的推手，叫生命燃燒。

異性間的牽掛

異性之間的的牽掛最後總是落實到相貌和外形上面，即使肉身的人已不在世間，也要變著法子把她喚回。其不依不饒，一至於此。其音容笑貌作為實際的內容浮現於腦海，如漢武帝之於李夫人。唐明皇之於楊玉環，更是委託能以精誠至魂魄的臨邛道士，把個胖美人喚將回來，「中有一人字太真，雪膚花貌參差是」，他又可以在虛幻的迷醉中，和他那芙蓉如面柳如眉的女友把臂一回了。漢武帝想念李夫人，藝人就做出皮影戲來滿足他返魂的期求，也真難為了當時的「電影大師」們，皮影戲影子動來動去，以此剪影和側影想像真人面目，說是她的魂魄藉此回來了。漢武帝那個感動啊，問道「是耶？非耶？何其姍姍來遲！」就憑這，引出姍姍來遲的成語來。

追求美貌的異性，似乎是人的本性。所以，年輕、貌美者就顯得常有些「眾星捧月」。雖然不能將美貌降到待價而沽的地步，但競爭所帶來的水漲船高之勢，使競爭者常常不得不為獲得美而更多地付出精力與財力。在任何一種文化背景中，美貌都是一種財富，是一種不可低估的資本。儘管它是一種具有「流動性」的資本，為期有限，因歲月推移而消逝。張學良少帥的打油詩作得好，他說：「自古英雄都好色，若不好色非英雄；我雖不是英雄漢，我也好色若英雄。」所以，馬君武說他「趙四風流朱五狂，翩翩胡蝶最當行，美人窩是英雄塚，哪管東師入瀋陽！」倒不冤他。俗語說，「英雄難過美人關」。此語雖不免俚俗，但是它卻是弗洛依德心理學的重心所在。

性愛的形上學——人的本性追求美的異性

對美貌的佔有欲不分上智下愚，都是蠢蠢欲動。清代私刻本小說《豆棚閒話》，寫一個士大夫到西施的故鄉遊覽，有希望找到一個像西施一樣的女子，沾染一些西子的風味回去，不想村裏走出一鄉老來，一席話打擊他的積極性，「你道西子是個國色天香，當初乃是湫地一個老大嫁不出門的滯貨，偶然成了虛名。若果然絕色奇姿，怎麼肯送到你下路受用。」這話讓士大夫討個沒趣，西施居然成了「滯貨」，虧這老頭子說得出口，也見出野老的陰暗心理，一通亂說，期得精神勝利。

肉慾的煎熬甚至扭曲了叔本華的臉形，不過也強化了他思想的悲涼深刻。在《性愛的形上學》中，他以為人的本質存在於種族中，關於所謂愛情，他認為是一種犧牲品——是被種族綿延所支配的肉慾的犧牲品。人生不外由窮困匱乏和無盡的欲求所組成，那為什麼在不幸的人生中還持久地看到情侶們彼此思慕的目光呢？為什麼他們的眼色總是那麼隱秘，並且偷偷摸摸的呢？「這是因為他們原是叛徒，他們使即將結束的窮困悲慘又故意地延續下去，他們仍然沿襲祖先的作法，又揭開了人生的另一場戲幕。」

中國早期文學《詩經》寫男女的思念，說是彷彿早上餓了想吃飯一樣。錢鍾書先生說以飲食比喻男女，好像巴爾扎克用愛情與饑餓相比較同一軌轍。曹植〈洛神賦〉「華容婀娜，令我忘餐」，沈約〈六憶詩〉「相看常不足，相見乃忘饑」。更直露的是已成成語的秀色可餐，小說中露骨的表白「恨不年一口水吞了他。」轉而言之，等於說美貌是一種精神的正餐。此精神的糧食帶來種種好處，猶如肉體的維他命，亞瑟王傳奇中的《格哈勒圓桌》說其中一美女，容貌和諧無與倫比，額頭潔淨勻稱，眼睛生動，眼神書可以穿透五個埃居的厚度。鼻子細而直，牙齒潔白彷彿有銀白色的光芒，她非凡的胸部比白雪或水晶都明亮，整體氣色香而麗。這位少女如此出眾，「任何男人若被她白雪般的手臂擁抱，必可忘卻所有苦惱。」美，動力，苦惱，詩歌，戰爭，……都籠罩在生殖錯綜複雜的大網之中，在那裏推拉搖移、錯位吻合，所以，美不但是生命力的物件，也是生命力蠢動的表徵。同時，美也有大惡，《左傳．襄公二一年》「吾聞之，甚美必有甚惡。」但其生理的前提是，「禍不好不能為禍」，清河王紹母「美而麗」，「太祖見而悅之」雖有隱患，也在所不辭。即是其原因根植於人性的生理構造的深處，大家像傀儡一樣跟著美這一指揮棒轉個不停。自然，這一切都是有前提的，設若對方是嫫母、無鹽、孟光以及諸葛亮太太阿承醜女，或者是「賊配軍滿臉餓文」在一般的世道中，那恐怕是避之惟恐不及了。

崔因〈七依〉，寫美女的作用和震撼力，誇飾到極點，但有不能不承認他所說有道理，他認為，絕世的美人一「出場」，大家就會情不自禁的「怵場」，甚至，孔子也會跌倒在阿谷，柳下惠琢磨著再婚重來，老子（聃）躁動得再也不堅持他的虛靜學說了，揚雄的玄靜理論也跑得無影無蹤了，大家都色授魂與，不可抑止。

曹聚仁筆下——美女遍體香

曹聚仁〈補談海派〉一文中，說是上個世紀初上海剛剛發達為洋場的時候，各處彙聚來了很多的才子，他們多愁多病，他們把張園當作了大觀園，把市場上婊子們當作了十二金釵。

這事我們可以懸想一下，就是那時候的眾才子，對美貌的企求，膨脹到無以復加的地步，但現實中，大家閨秀和上層社會的美女又難以染指，所以，他們就退後一步著想，把婊子拿來湊數。但是問題也就在這裏，為什麼不把婊子直接當婊子使用呢？何以非要將她們貼上十二金釵的標籤不可呢？這就是美貌的企求，原始積累似的沉積於他們的心底，這時候，慰情聊勝於無，就靠想像來半真半假地過日子了。但是想像畢竟當不得真，他們想像中的佳人並非為了愛他們的才華才做婊子的，她們做婊子，要的是黃金物——錢。才子們從雲端裏跌落下來，也就不作他想，把十二金釵的念頭拉下，想出種種制約婊子的方法，不但不上當，還捎帶佔便宜，於是，他們漸漸的又兼有流氓的身份。這也是那時的作家為什麼有些人是才子加流氓的原因了。

曹先生另一文章〈有趣的例子〉中談到，他在上海的一次經歷。他和友人到某某舞廳逍遙，老闆帶一位小姐給他，當下裏，他就震驚到發呆了。從此就不斷的如癡如醉的去相會。友人問他是不是一見鍾情，他說，「這位小姐，恰是我初戀愛人的模樣，身體分泌出一種香氣。跟我初戀愛人的身香，完全一樣。我坐在她的身邊，或是緊緊抱著跳舞，舊夢一一浮現起來……」這是「因果的力」？是前世的緣？其實就是建立在生物學基礎上的美貌的吸引力，這種吸引力在他們身上，十分的合榫接卯，於是迷醉到難以自持了。

法國的諺語說，唯有味道與顏色無可爭辯。這兩樣東西，食物的味道，和衣服的顏色，乃是隨各人的喜好而定，沒有一定的美惡標準。山珍海錯，並不都比蘿蔔白菜倨傲。而相貌就不一樣，嫫母、無鹽、阿承醜女等人，只有諸葛亮等人，或者別有隱情別有心思的人，才堪消受接納，他們敢於犧牲審美的願望，犧牲心與眼的訴求，真有點殺身以成仁的意思。普通人，就大致情形而言，都要敬謝不敏的。

肉慾的煎熬——漂亮女人影響歷史

迷醉於美或霸佔美貌的行為，涉及利用權勢傷害別人或影響公眾權益，就會對歷史產生直接的影響。舊時士人，納妾者眾；至於天子，後宮佳麗動輒數千，粉白黛綠，勾心鬥角，爭妍取憐。桀因妹喜身死，商紂以妲己國亡，周幽王以褒姒而殞命；齊莊公的導致政變；呂不韋權力旁移，漢成帝因飛燕殺身……政治人物大權在握，均於美女有關，真是牽一髮而動全身。往往就改變了歷史的流向。他們個人的敗亡不要緊，但是，興，百姓苦，亡，百姓苦；百姓何辜，眾生生命全然受制於他們的私欲之害，也可歎也。

記得將近三十年前，筆者上《紅樓夢》選修課的時候，老師在上面大煽其情，分析黛玉、寶釵、湘雲等人的美貌及性情氣質，底下學生都在那裏做想像中的怡紅公子，有的則喜歡黛玉，厭惡寶釵，有的則喜歡湘雲，厭惡另兩人，有的又相反……在這方面，人是因了性格血型的不同，真是千人千面，也個人的心中自有各自的哈姆雷特。

美女的震撼力

錢鍾書先生《管錐編》（九二頁）引《詩經》的「螓首娥眉，巧笑倩兮，美目盼兮」。這是說眉目之間及眉目以上的額頭部分，廣揚而顏角豐滿。阿拉伯、西班牙等地的古人也是這般的審美觀。到了《楚辭》中，色澤的印象就多過了《詩經》。除了雪膚玉肌之外，對桃頰櫻唇，更多注重，「媒人既醉，朱顏酡些」。色彩烘托，越來越鮮明了。古代歐洲的美女標準與此有神似之處，他們特別強調青春之美，在青春的前途下，美女應有金色的捲曲之捲髮，百合一樣的面色擴展至頸項及雙手，雙頰有淘氣的酒窩和微紅的唇吻相映照，額頭則寬闊、高平光亮，眉毛成拱形，好像是幻覺之物。至於眼睛則深邃帶笑，閃爍一種不靠他種色澤而自然呈現檸檬汁的光輝。這些是法國中古詩人維永及厄斯塔什等人作品中透露出來的資訊。

達爾文以為，就人類而言，其心理中似乎沒有一個普遍的美的標準。嗜好及審美的口味不會遺傳，而且每一人種又各有其美人美物的理想標準。至於對醜惡的認識，則以為他們和下等動物的構造相近。總的說來，每一民族都偏好習慣習見之物。對於美人或異性的美，總的傾向於橢圓面龐，端正合格的容貌，還有色彩亮豔者——這是歐洲人的審美習尚。有的民族，可就對於闊面、高顴骨低鼻子和黑色皮膚者，極為稱道。

各種特性在不同生活經歷的民族產生美的差異，至各行其是。「各種特性皆可發達為美」，達爾文的一位朋友是解剖學名家，他的意思是，假如無論任何人都依照同樣的模型鑄造，則將無美可言。假如所有婦人都美到統一程度，則人們在短時間內固然喜不自勝，但不久就會百般思變，因人的審美心理，乃是喜新厭舊，更不願意整齊劃一。

中外古今美人標準點擊——面部、三圍及長髮

古代的美女品評，多集中在相貌的觀察上，那時的衣裝也較為遮蓋嚴密；今天的時代，若論女性美，均離不開「三圍」，即是從相貌延伸到體貌。

胸圍 古代中國人對女性的胸圍要求不高，對高乳女性也頗不以為然。古人所欣賞的女性乳房是所謂丁香乳。

腰圍 西元前六世紀的楚靈王偏愛細腰女子；與楚襄王同時的楚人宋玉，在其〈登徒子好色賦〉中，對那位漂亮的「東家之子」也有「腰如束素」的描寫，筆觸裏頭透著偏愛。

臀圍　它的豐滿與否，成為古代中國美女的要件之一。其原因，中國人認為臀部渾圓的女人會多生孩子。在「不孝有三，無後為大」的古代農業社會裏，肥臀自有其重要性。

除身材和三圍外，容貌也成為美女的重要條件。古代中國美女的容貌，究竟是以什麼作標準呢？

宋代署名太平老人者，著有《袖中錦》那樣一本小書，其中說到「京婦美陋」，因在當時，有好幾樣天下第一的好東西，像洛陽花、建州茶、端州硯呀，江陰河豚、高麗秘色呀等等，而京師婦人也就和這些名特優新土產一樣並列，當時的人很在意這一點，大約是他們審美的寄託吧。他們把京師婦人中美麗的叫做「搭子」，相貌寢陋的叫做「七」。為什麼呢，搭子者，女旁邊有一子字，七者，謂其不成婦女也。其懸殊有如此之大。

宋代人又有二妙之說，乃是說天下有兩樣美妙的東西，「蘇州兒，越州女。」具體如何的情味，沒有明說，但稍往前推，唐代大詩人杜甫有詩說：「越女天下白，鑒湖五月涼。」可見皮膚白皙，乃是一個關鍵。古代俗話說：「一白掩百醜。」

中國漢代以前，人們對女性只注重面部形象，到了魏晉，才開始著重於裝飾。魏文帝喜歡打扮華麗並將頭髮挽成蟬翼形的妃子。唐朝是開放社會，容許袒胸露臂，崇尚的女性體態美是額寬、臉圓、體胖。

唐朝以後沒有定論。宋朝以後，大致是以觀音菩薩的本貌作為女性美的高標準，各個時代所雕塑繪畫的觀音菩薩，就是當時審美標準的具體說明。

在西方，希臘人的審美標準是：面容各部分的比例必須勻稱。他們把人的整個臉部分為三個部分：從髮際到眼睛，從眼睛到上嘴唇以及從上嘴唇到下巴，一張美麗的面容其長和寬之比例是三比二。希臘人所喜歡的嘴唇，近似今人所推崇的那種模式：顏色泛著春天般的紅色，下唇稍比上唇豐滿。

西歐人重視女性臀部，以「豐臀」為美。這起源於對繁衍生育的要求。這種審美觀，與中國人不謀而合。

文藝復興時期，義大利畫家達文西和拉斐爾等筆下的女人帶有某種嚴肅的美。達文西的《蒙娜麗莎》發出的神秘微笑，觀者為之傾倒，她除了柔荑般的手外，還有母性般的溫柔。

當十七世紀之際，法蘭德斯畫家魯本斯所畫的婦女，在當今是不會被當作「美」的典型的，她們蒼白的臉上略帶粉紅色，面頰和下巴都很豐滿。他們的身體亦然：大腿渾圓結實，胸部隆起。因為當時的美女標準是面頰柔滑，呈粉紅色，另外還要像小孩子的面頰一樣有所凹凸，若長著雙下巴……那是再理想不過了。紅頭髮算是最時髦的，另外還要求大眼睛、小耳朵以及牙齒外露。

第一次世界大戰的前一段時間，圓胖的臉和婀娜多姿的身段，乃是時尚的人體特徵。紐約的影星莉蓮拉塞爾就是這樣美的典範。與此同時，英國女演員莉莉蘭特裏的長相也令公眾為之傾倒，她肌肉豐滿，個子高挑，但她的鼻子和她嘴唇都特別大，這在美國人看來，就並不十分漂亮。

上世紀二十年代，美國影星瑪莉蓮夢露那副迷人的、並帶有孩子般調皮的神情，在人們心中經久不衰，以至當今各種年齡的女性都以她為美容的樣板。如今，人們認同「健康即美」的觀點。

《聖經．多哥林前書》，說是女人有長頭髮，乃是她們的榮耀。為什麼呢，據說，這頭髮是給她作蓋頭的。至中世紀，歐洲風俗相信以長髮為美；英國清教政論家威廉姆《史鑒》中明確說，短髮女子簡直不堪目睹，甚而有如洪水猛獸，社會風俗則把街頭拋頭露面的短髮女子視為天方奇談。顯然，這裏是在凸顯赫貞操的觀念，貞操的觀念往往靠外表的符號來維護和證明。直到現代作家海明威那裏，他還說，女人披長髮，意味著他的婚姻生活尚稱美滿，倘若剪了短髮，就表示她還不滿足。頭髮在這裏，乃是傳達心理資訊的密碼。名作家董橋相信，長髮的好處，是讓人想到水，想到瀑布，想到風想到雲，還有，很關鍵的一點，是叫人想到枕頭。他更發揮說，女人用手去把玩垂在胸口的辮子，是很有小橋流水的韻味，但是，女人用手去招一下散在臉上散在胸前的長髮，就顯得很野，顯得有點「熱」！可見長髮確有妙用，綺思妙想不特理不清，還更剪不斷呢。除此以外，長髮也還有作用，如果一個女人不美麗，長髮就作為了總預備隊來應接，因為人們常常對長相欠佳者說，你有可愛的雙眸和秀麗的長髮。

端莊的相貌較有普遍性普適性，它不但適合於婦女，也同樣適合於男人。一般來說，端莊的相貌蘊涵多量的美德品質。

鄧肯《我的一生》中，她堅信作為一個工薪階層的女工，只要犧牲力氣，健康去生育小孩，最後離婚時小孩要為男人所有，那她就永不生養小孩。但更有趣味的是，據說，她與蕭伯納開玩笑說，假如他們生養一個小孩，此小孩必有他的智力和她的美貌，多麼的圓滿呀。哪知道蕭伯納說，要是這個小孩具有我的醜陋和你的智力，豈不糟糕。暗示鄧美女智商欠高。

衝冠一怒爲紅顏，陳圓圓、海倫、西施

清初大詩人吳梅村（吳偉業）那首聞名古今的〈圓圓曲〉中有這麼一句：「痛哭六軍俱縞素，衝冠一怒為紅顏。」紅顏即指明末一代佳麗才女陳圓圓，陳圓圓原名陳沅，蘇州人，天生麗質，又曉得書畫、聲律，「色藝擅一時」，以絕代佳人蜚聲江南，是當年「秦淮八豔」中的翹楚，也是蘇州玉峰昆腔班的台柱，有「聲甲天下之聲，色甲天下之色」的美譽。明末甯運總兵吳三桂得而寵之。詩人記下了豪強的貪婪，也記下了鬥爭的殘酷。這首長詩，可以和唐代白居易的〈長恨歌〉媲美，描繪的都是美女在政治軍事中的作用與命運。

一五八三年，努爾哈赤統一女真各部，建立後金政權，與明廷頂抗。一六一八年，明撫順守將李永芳不戰而降，次年，明廷集全國數十萬大軍，兵分四路，企圖一舉圍殲，不料被反制，瀋陽、遼陽先後失陷。皇太極繼位後，改「金」為「清」，建立清朝。攝政王多爾袞驅大軍進關。清軍過遼河時，方知李自成的農民軍已稍早攻佔北京，明朝已亡。

在清軍與農民軍對決之際，山海關守將吳三桂向滿人借兵，他們聯手與農民軍在山海關展開了一場大戰。

吳三桂十萬人的大軍，在山海關防禦清軍的入侵。但李自成軍進京後，其部將劉宗敏動物根性膨脹，掠走了大美女陳圓圓。吳三桂於是「痛哭六軍俱縞素，衝冠一怒為紅顏」，反過來依託清軍共擊李自成，他為之「衝冠一怒」的陳圓圓也歷經劫難回到了他的懷抱，並隨他南北輾轉。山海關的東大門洞開，清軍洶湧而入。後來吳三桂的勢力坐大，坐鎮雲南，即在昆明大興土木於翠湖、蓮花池等處，與陳圓圓共賞風花雪月。「吳三桂築野園於滇池北，以處圓圓，窮極土木，毀人廬墓無數，以拓其地。」他對美人如此不能忘情，但他的動物性不久也就暴露無遺。此後，吳三桂廣納美女入府，陳圓圓退而念佛養心。清軍擊敗吳三桂軍攻入昆明時，陳圓圓自沉蓮花池，一代佳麗「香消玉殞」。蓮花池畔至今還存陳圓圓的梳粧檯。當然，關於她的下落，還有其他的說法，如「雲南說」、「蘇州說」、「上海說」等等。一九八三年貴州岑鞏縣有人提出陳圓圓葬於古思州治地（今為黔東南州所轄）岑鞏縣水尾鎮的馬家寨的獅形山山麓的「岑鞏說」，又稱「思州說」。這樣一來，美女的晚年及魂歸之處更加顯得撲朔迷離了。

「家本姑蘇浣花裏」的陳圓圓，「前身合是採蓮人，門前一片橫塘水」，美目巧笑，且擅歌舞，故豆蔻年華就轉手於皇親權貴間，初為田畹所得，後歸吳三桂。及李自成破京師，又落到其部將劉宗敏之手（又說為李自成），遂使手握重兵的三桂自然「氣炸了肺」，於是「衝冠一怒為紅顏」，開關降清，加速了明亡。清朝二百六十餘年的江山，如此之大的歷史巨變，與這位絕色佳人就有這樣大的關係。吳三桂所下的決心，所不管不顧，破釜沉舟以求一逞的種種作為，和她的美貌，實在是一個物體的兩面，或互為表裏。動物性的美的迷醉，一般被認為是個人私事、生活小事，兒女情長，只是「生活細節」。但政治紛爭、朝代更迭，以及整個國家的命運多因這些不那麼被注意的「細節」所左右所而改變流向，變得面目全非，變得和大人物的預測大不相同。

當吳三桂鎮守山海關時，偵探報雲其父為劉宗敏所羈，吳三桂泰然處之。又探馬來報：「夫人（指陳圓圓）為劉宗敏所執！」吳三桂乃怒髮衝冠，拔劍擊案，於是興兵剿闖。從吳三桂以上的動作可見其到性愛的力量之在，抄家餘事耳，父親被俘也餘事耳，美人落入敵手，就馬上改變了政治和軍事的走向，隨之也改變了國家的命運。這正是吳梅村的〈圓圓曲〉中所說：「慟哭六軍俱縞素，衝冠一怒為紅顏」。詩人詠西施說：「賤日豈殊眾，貴來方悟稀，當時浣紗伴，莫得同車歸。」西施去吳，身價大不同，昔年的浣紗女伴只有對之另眼看待了。俞平伯說近古的陳圓圓其地位的變化亦猶古時的西施。這在吳梅村《圓圓曲》中寫得很清楚。傾國傾城的美女引發歷史大動盪，不只是一姓的興亡問題，而是至於以夷變夏，千秋殷鑒，也是衰盛的關鍵所在，俞先生為此發出沉痛的興亡感慨。

一九六一年美國某娛樂雜誌評論索菲亞羅蘭，說她：「半是女神，半是小妖，全是女人。」你看外國的文人想像力多麼的豐厚啊，這幾句話說得多麼有神采啊！陳圓圓對不少的人來說，也就是女神、小妖加全部的女人啊，她能不顛倒眾生嗎？假如說李自成等人會搞統戰，不但把圓圓還給吳總兵，還把她伺候得好好的，畢竟吳先生先到嘛！天下又不是只有圓圓一個美女嘛。那麼歷史都可能是另外一種走向；可是李闖王和他的手下，不懂事，眼皮淺，初步掌權，全當作一副壯陽藥；胡作非為，小不忍，終亂大謀。只想滿足自己的下半身，結果死無葬身之地。

《伊利亞特》是關於依利昂（即特洛亞）戰爭的史詩。西元前二十一世紀末在希臘半島南部的阿凱亞人和小亞細亞北部的特洛依之間發生一場戰爭，為時十年。傳說戰爭起源如是：在斯巴達國王墨涅拉斯舉行的宴會上，特洛亞王子帕里斯愛上了主人的妻子：絕色的海倫。海倫隨帕里斯私奔，並捲走財寶，激起了希臘人的憤怒，他們推舉墨涅拉斯的哥哥阿伽門農為首領，組成希臘軍，遠征特洛依城，誓師懲罰。戰爭慘烈，特洛依城被圍困十年才被攻破。戰後，在小亞細亞一帶便流傳歌頌此役中氏族首領事蹟的短歌。其間，英雄傳說又同神話故事交織在一起，先在民間傳開，然後代代相傳。大約在西元前八世紀，天才的盲詩人荷馬對民間傳說和短歌進行加工整理，形成情節完整風格統一的兩部史詩《伊利亞特》和《奧德修紀》。

歷史上女性與政治發生聯繫，多半與其美貌有關。呂后、武則天、慈禧太后、宋氏姐妹、江青等，這是一類，另一類較為被動，如妲己、褒姒、楊貴妃、貂禪、陳圓圓等，都與歷史進程動盪緊密相連。商朝的滅亡是因為殷紂王寵愛妲己，過著荒淫奢侈的生活，「酒池肉林」故事就是由此得來。周幽王為了博得愛妃褒姒一笑，竟屢燃烽火戲弄諸侯，結果國亡身死。武大郎玩夜貓，什麼人玩什麼鳥。褒姒美麗的外表之下，也和周幽王有等量的推讓。唐朝安祿山造反，楊貴妃就因為貌美，就因為皇帝「三千恩愛在一身」，就成為政治犧牲品。她的堂兄楊國忠先被亂兵殺死，然後兵眾堅執殺死楊貴妃，否則就不護駕。最後楊貴妃自縊而死，其間隱約有動物界雌雄在春天騷動的氣息。通常她們被視為紅顏禍水，禍水的含義，是將國家政治上發生的動亂，推到他們的頭上。或者女人直接參政；或者女人靠姿色迷惑君王，共同在酒池肉林中過著糜爛生活，「國家大事管他娘」；或者政客以女色作為武器，瓦解敵方的首領。縱觀歷史，所有的政治大事件都和女人尤其是美女有關，小到一個家庭的衰落，大到一個國家，一個政府，或者一個大人物，其滅亡、垮臺或崩潰，總是和女性有關。

性與特權

這些事件裏面，都有一個美女做主角，她們並不一定是什麼政治家、野心家，而往往只是一個玩物、一種工具。她們被某個左右歷史發展人物所佔有、所眷戀，在某種特定的情況下引起矛盾、爭奪與鬥爭，從而影響了歷史進程，對政治的爆破力超過人們預期。這些女子，不自覺地捲進了政治鬥爭和軍事鬥爭的旋渦，「傾國傾城」之貌也真的起到了傾國傾城的作用，臨了，她們自身也成為政爭暗潮的犧牲品。

即以中國古代著名的「四大美女」來說，西施實際上是越王勾踐送往吳國的一個色情間諜，她迷住吳王夫差，使他沉湎在溫柔鄉中，不理朝政，又離間夫差和伍子胥的關係，「從內部攻破城堡」。以後，勾踐就命她「侍寢」，最後不得不和范蠡一起逃往江湖。貂蟬也是個色情間諜，王允派她去離間董卓和呂布的關係，最後翦除了大奸臣董卓，保衛了劉漢天下，可是功成以後，貂蟬卻被誣為「禍水」。

說到性權與特權，在自然界，性交配權就是有等級的。戰鬥力最強大者獲取優先交配權。失敗者向隅而哭泣，或另作他圖。大自然這繁殖等級設計，是為了物種優生。勝者優先，敗者受限。性權力的優先持有者，一定是該物種中具有最佳遺傳基因者，由它交配傳宗接代，後代肌體優異，以求青出於藍。因此，在猴群的性權力前，是不能、也不會「猴猴平等」的。在原始部落裏的對膂力超眾者的「英雄崇拜」，使英雄獲得更多的交配權，也還有優生的意義。然而到了世襲王權時代，就失卻了優生的意義了，因為皇親國戚並不一定具有人種中的健康遺傳基因，反而可能疾病纏身，肌體羸弱，相貌畸形。統一六國的奸雄秦始皇，將六國國王的宮妃擄去共處阿房宮，他持有近萬名美女的交配權，可是他的基因極差——《史記》中記載他患有羊癲瘋、骨胳畸形（雞胸）等嚴重疾病。在王權時代，性權力已經轉換為政治蠻力的標誌了。

李延年的〈佳人歌〉裏，那位絕世而獨立的北方佳人，其不可言、不可說之神貌已在「一顧傾人城，再顧傾人國」裏一語道盡，帶給讀者的震撼與遐思相當劇烈，「傾國傾城」極言女性之美，但其中實蘊含了一種毀滅性的暗示——女人越美，所形成的騷動越大。

白居易描述楊貴妃「漢皇重色思傾國」，吳梅村寫陳圓圓「嘗聞傾國與傾城」，而楊、陳二人與李延年〈佳人歌〉中的李夫人不同之處是她們的美貌應驗了「傾國傾城」四個字。都是因為楊貴妃的美色，使得唐玄宗「從此君王不早朝」，所以當安史之亂發生，「宛轉蛾眉馬前死」，字面來看是她的美麗所招致的禍殃。但這禍殃的源頭真的是一個女子的「天生麗質難自棄」嗎？〈長恨歌〉的首句——「漢皇重色思傾國」——男人本身的蠢蠢欲動才是這一切的根源。話語權在短視的男人手中，女人就被迫更多的擔待。在詩人筆下，我們對紅顏的認識僅止於「紅顏」，而無法觸及她的生命與內心。

在中世紀的歐洲，封建主和貴族享有農奴新娘的新婚第一夜性交權，史稱「初夜權」。動物性結合專制世襲制政體有關。皇帝佔有的女人愈多，生子的機率愈大，以保證「龍脈」不斷。

當王權制被摧毀代之以民選總統後，總統必須遵守一夫一妻制了，不但不再享有性特權，而且比一般民眾受限制更大。經過一場「性革命」之後，普通人若有婚外戀，純屬個人隱私，任何人無權干涉。可是一位美國總統競選人，若有婚外戀被揭發出來，連競選資格都沒有。在位總統若發生非婚性行為，會作為一宗大醜聞被揭露出來，使其不得不辭職。在民主制下，最高統治者不再擁有性特權，甚至比平民的性自由更少。動物性的叢林法則在制度的約束下得以收斂。

古人之選美

古人之選美，由來已久，頗值一說。美的力量不可抗拒，除非是野心家和道學先生。兩個世紀前法國暴君路易十五把政治犯身體澆上滾燙的鉛水，秦始皇焚書坑儒，隨著烈焰，美也就毀滅了。因為美把人心帶到他們遙控不了的地方。這兩種人是美的大敵。

很長一個時期，美被看作是資產階級的產物，選美也就是其生活方式了。然而，很多地方的選美已經是一種商業化的民俗活動，遠的不說，東方明珠香港，年年都要選亞姐、港姐。其實此事由來其遠，古人的選美，浪漫而富於情味，使人每每起一種悠遠的懷想，覺得古代實在是迷人。

晚清小說名作《花月痕》對古代的選美有很詳盡的描寫。程式是，先由巨室豪門作品花會，聘請文人詞客，遴選姿容，較量技藝，最後由文人於每人名下各作一傳，排定名次，然後放榜。其中最重要的是較量技藝這一條，《花月痕》中「十花品第」之第一名劉秋良便有江南顧横波、李香君的風韻，她的傳中說，「年十八歲，秋波流慧，弱態生姿。工崑曲，尤善為宛轉悽楚之音。其志趣與境遇，有難言者矣」，小傳頗不容忽視，不但勾畫了她的外形，而且頗有身世之感。點明她工於崑曲，說明她的文學修養很高。因為崑曲是所有戲曲品種中最雅致的一種文學樣式。那時時興飛觴作詩，一次酒會上，這劉秋痕詠芙蓉：「恨匆匆萍蹤浪影，風剪了玉芙蓉。」以梅花為令，她作的是：「向迴廊月下，閒嗅著小梅花。」可見她才氣之一斑。古代選美，文學修養恐怕是最緊要的一條衡量標準，僅僅漂亮，是上不得《芳譜》的。她們的知識好像寶石，而其文化氣息則有如寶石放射的光澤，別有一番情味。現代選美，則更推重禮儀風度，書香之氣，大抵已經風流雲散，文學修養，已只是一種往昔情懷了。《羊城晚報》一九九二年十一月三日載，廣州第三屆美在花城小姐競選，前五名佳麗竟無一人知道孫中山是廣東人，這真是無可如何的事。

美是心靈自由的象徵。波德賴爾給美下定義，甚至具體到可以捉摸的可見形狀的物件上，「例如具有意思的東西——一個女人的面容，或一個迷人的女人頭顱，它暗示著一種熱忱，一種生活的願望」。一個人，倘若還有審美能力，精神就不至於枯寂。但是就像唐詩在盛唐有豪縱任俠之氣，到了晚唐，就不免蒙絡衰颯的徵兆一樣，審美的尺度就在古代，也是在漸變著。曹雪芹深所寄意的美人林黛玉，是「態生兩靨之愁，嬌襲一身之病。淚光點點，嬌喘微微。」劉秋痕也是「弱態生姿」，《花月痕》之《芳譜》第二名是「妍若無骨」，第三名是「肌膚瑩潔，善病工愁」！其實在更古的時候，人們的心情似乎要好一些，審美的尺度要寬泛些。《詩經》中的美人是「手如柔荑，膚如凝脂，齒如瓠犀，螓首蛾眉。巧笑倩兮，美目盼兮。」或者「有美一人，碩大且卷」，卷是矜持的意思，透露的氣像很健康，很輕鬆。螓首是額頭廣而方。錢鍾書先生說：「異域選色，亦尚廣顙。」《楚辭》屢屢寫美人的「朱顏」；唐宋士女畫皆面容豐腴，體格富態。明代作家徐渭《眼兒媚》云：「粉肥雪重，燕趙秦娥」。明白表明另一種審美態度。明清盛行的選美實際受著文人清客的操縱，他們的審美趣味，往往代表當時的士大夫的審美嗜尚。其尺度，又受時代、經歷、素養、心情種種因素的影響。審美眼光出現差異本不足怪，每一種美都有其存在的價值，即使是林黛玉吧，魯迅先生對她就「有一種異樣的同情。」歡悅固然也是美的特質，憂鬱卻要持久一些，這在日常生活中就有明證。

古代的選美已是陳年舊曲了，而真正的美，往往只在畫境書香中，像曹子建心目中的洛神，陶淵明〈閒情賦〉中的意中人，那簡直帶一點宗教情緒了。說來堪驚，在漫漶的墨跡裏，竟還見出古典中的今情。那似乎是一種精神的靈藥了。

美影小擷

照相機、電影、電視的出現以前，落實在各類書籍中的美人形象，有多少？即非恆河沙數，怕也如繁星閃爍罷。而且，照相機、影視出現以後，人生的各個階段，都在他人的注視關照當中。在這樣的時分，人會衰老，會「林花謝了春紅，太匆匆」。而在此前由文學定型的美人，反而可以風姿絕代，生機無限蔓延，若「黃四娘家花滿溪」，奇花照眼，招搖千秋。壽陽公主冷豔若梅，楊貴妃嬌豔如桃，色可傾城的妲己，明目皓齒的王昭君，更有曹子建心中的洛神宓妃，陶淵明〈閒情賦〉中未出場而情已傾的那個 heart person（心上人）；以及叫人卸擔歇肩不能自己的羅敷小姐，四大美人，十二金釵，幾多花神……還有契訶夫筆下氤氳般彌散、能使空氣別有一番重量的俄羅斯美人……風致嫣然，如雨後佳花，迎人而笑。

不知迷醉有史以來幾多生靈，也不知引發了歷代文士多少筆墨。

文學的家園是美學。徵諸文學史，那些放肆的歌詠、迷醉的顛倒、紛紅駭綠、目迷五色，文字中，美人不死。人心裏，美影不絕。其實那正是人類之所以繁衍無休止的底牌。美的神秘，實存在於人欲的最深處。假如將文學的焦點，易美為醜，以阿承醜女，或嫫姆無鹽，像林黛玉一樣，撒氣做態，貫穿百萬字長篇，我未之見，也殊不可想像。

文字中的美人，有兩處為人忽略的豔光，不才以為美到極至，可以超過歷代說部詩賦中的美人，壓倒群芳，雖無照片應時的直觀，但有文字為證，特錄下供賞——

一則《南史》卷十二：

張貴妃名麗華，父兄以織席為業，後主為太子，以選如宮……張貴妃髮長七尺鬒黑如漆，其光可鑑。特聰慧，有神采。進止閒華，容色端麗。每瞻視眄睞，光彩溢目，映照左右，嘗於閣上靚妝，臨於軒檻，宮中遙望，飄若神仙。

一則晚清文化巨子馬相伯老人《一日一談》中所記述的高麗閔妃。他在將近百歲的時候，回憶說——

我在高麗任指導改革新政事宜時，常有機會覲見閔妃。就容貌說，她實在是我有生以來所見的第一個美人。她身材適中，臉兒作鴨蛋形，鼻兒高高的。皮膚非常潔白勻稱，烏黑的頭髮，態度非常嫻雅莊靜。

閔妃是高麗的國母，開明而有頭腦。可恨當日、俄之戰時，其國為日軍攻陷，殘暴變態無人性的日本人，竟然用汽油燒死了她。馬老的文字不若宋玉的誇飾，不若淵明的樸茂，當然也比不了曹植筆下美人的婉麗華采，比不了曹雪芹那種美的「全息攝影」。但他卻別有一番入骨的深切，筆力驚豔，結構天成，更有一種持久的感染力，及極端的無可代替性。這正如瞿秋白的一句「中國的豆腐，世界第一」，所包含的傷絕、淒切，以及血淚和人生的荒謬感，並不比《離騷》的輾轉複遝更少，是一樣的道理。

浩瀚的宇宙中，人類渺小卑微。最近，科學巨子霍金發表談話，以為人類的聰明再怎麼發展，也有限；譬如與其他星球發生聯繫，「即令坐火箭，也是緩慢而令人厭煩的，到銀河系中心，一個來回需要十萬年，彼時，人類如果尚未毀滅，也將面目全非。」眾星球遙不可及，自有人類以來，其自身處境又垢賤困擾。是什麼令人活下去呢？還有美，唯有美，它神秘、永在而潛伏深遠——說來堪驚。

美色可治病嗎？

美色可以治病嗎？也堪一說。清代梁紹壬的《兩般秋雨庵隨筆》中記述一個酸秀才，人家說秀色可餐，他說人肉吃不得，一時傳為笑柄。這實在是腐儒不可教的一個最好範例。也是腐儒不可與其談藝的明證。反過來，可以顯現初用秀色可餐這個詞語的人的敏感和詩心。最初使用這個詞語的人是晉代文學家陸機，他的〈日出東南隅行〉說：「鮮膚一何潤，秀色若可餐。」借味覺的適宜，來形容視覺的滿足，極贊婦女容貌的美麗，與古為新，語妙天下。

陸機的傳人真不少！在敏感的中國古代文人那裏，這種詩意和敏銳的覺察得到了層出不窮的延屬和發揮。《聊齋志異・嬌娜》寫書生孔雪笠旅居重病，得一老伯引麗人前來探望，麗人年約十三四，嬌波流慧，細柳生姿，書生見到如此嬌媚人兒，呻吟頓忘，精神為之一爽，不久即便體清涼，不治而痊癒。初讀只是覺得鬼話連篇，蒲松齡先生嚇人嚇到了家！然而仔細揣摩，卻又要為蒲翁的匠心而廢書三歎，至矣，小說家之詩心！原來作家用心良苦，他不僅以為秀色可餐，美色一變而為治病療心之物。他不過是要為苦痛的世界發明一種精神的靈丹罷了，幸好這種感受不止蒲松齡先生一個人有；《巴黎聖母院》中的凱西莫多醜如鬼怪，他自己也為之無地自容罷，可是他一直同惡勢力戰鬥到最後，不是因為有愛思美拉達這個美女在他身邊麼，他只要看他一眼，就覺得人生沒有虛度了，最後他們合葬在一處，他的在天之靈，也會有所寄託了吧。在這一點上，蒲松齡和雨果的寄意不是同出一轍麼。

博物學家達爾文曾經論述鳥類的互相吸引，講到了彩色的羽毛和婉轉鳴叫的作用，也是一種美的吸引。倘若沒有這些，動物恐怕就失卻了繁衍的可能。作為萬物靈長的人，同動物一樣有美的吸引。而人之異於禽獸者，尚有思想的功效，使其將美視為一個永恆的喜悅。人生有情淚沾臆，江草江花豈終極！所以，美是不能忘記的。

在敏感的人那裏，因為他比別人敏感，所以他也比別人更善於體察享受美的事物。美的失卻，甚至會導致精神的疲困和疾病。一九〇二年冬天，契訶夫在雅爾達寫信給他的妻子克尼碧爾，「今天我不能工作，頭痛，昨天我初進城市，那裏十分枯燥無味，街上儘是些面孔醜陋的人，沒有美女，甚至沒有一個賞心悅目的！唉。」這種經驗造成的不是甜美的回憶，而是莫名的悵惘，其中有深意，誰解作者的癡迷呢。佛教的觀音座下，也不免是絢麗燦爛的蓮花，可見美的無所不在了。

真能鑒賞美的人，他自己也當是「解語花」，惺惺相惜，大抵如此。晉代桓宣武桓溫舉兵伐蜀，攻入成都，把五胡十六國之一的成王國打滅了，以李勢的妹妹為小妾。他太太南康長公主是一位有名既兇且妒的潑婦。她知道後乃率領侍婢女兵數十人，「拔白刃襲之」，預備一下便把這二奶，生吞活剝，以雪心頭之恨。她提刀趕去，看到李小妹正在窗前梳頭，長髮委地，姿容端麗，美麗得令人顫慄。李小妹也不怕，只是哀歎道「國破家亡，無心至此。今日若能見殺，乃是本懷。」恒太太一見，大為感動，乃擲刀於地，上去一下把李小妹抱於懷中，激動地說：「阿子，我見汝亦憐，何況老奴？」——她就把刀丟了，說，我見你都疼愛得不得了，何況那老東西！她善待這個美女。這位夫人真是要得！美居然治好了她的妒嫉病，她實在是一個有情味的人。

釋迦牟尼傳第五章寫摩耶夫人，說她是「迦毗羅衛國的國母，她的相貌如同秋天圓滿的月亮，她的心靈如同池塘中清淨的蓮華。」在此，美的力量是起一種淨化作用，宗教對人的靈魂的養護，也離不開美的幫助和促成。

諺語中的美醜辨證

漫長的進化過程中，人類的前身就和美結下了不解之緣。先民處於生產力十分低下的艱苦勞作之中，卻也忘不了創造美的物事來慰藉自己的心眼，並不憚幼稚，用美的圖像來保留那些熒惑自己的心情。我們今天來看兩千多年前的漢磚瓦畫像，每每不禁為古人的藝術心眼而啞然失笑，那些出行的車，美女的腰，武士的臂，奔逸的馬，從生活的素材中結縞出一種想像的自然，種種力量和韻味，似乎在提示說，古人總是在鍥而不捨地要想填平人間與仙界的鴻溝。

說美是不能忘記的，在於美不僅是人的嚮往，而且是人的需要——靈與肉雙方面的。離諸美而雖生猶死，一切都黯然失色。美在有的人是一種靈魂的火花，在有的人是一種不滅的心情，或存於想像之表或隱於記憶之井，活躍著、變化著而不稍衰。

以筆者無限的淺陋來臆測，竊以為，人所創造的一切精神方面的美，都是對人類自身力量和韻味的或重或輕的補充。而在人自身的種種美的東西，又以美貌為影響人心的第一本質因素。豔女心情好，「自愛頻開鏡」，她不禁一天照好幾次鏡子，而自慚形穢者，甚至可以決定作為個體的人的一生行程，他們的命運。何以人心對相貌的美醜有著幾乎是先天的判斷呢？西哲叔本華以為，是因為「美貌乃存在於人的情慾之中」，實謂美貌乃因情慾而認識，而突顯。一針扎在人性的弱點上，道出人這種無毛兩足動物的根性。姑存此說罷，因為我們似乎還沒有比這更好的解釋。

美色與人的天性

美貌對生活的影響和影子都無處不在，而以女性為甚。小焉者左右人的心情，大焉者甚至改變歷史的流向。據說當今英國上流社會的太太小姐，倘覺得自己相貌寢陋，赴宴會或約會時都租雇一名醜於自己的女孩為伴，以襯托出自己相貌的某些優勢，減弱難堪的程度。美貌之影響人心，豈可小視乎！其實就是在中國的大學裏，也可見一個有趣的現象，大學中的美女走路，身旁總有三五個醜男隨之——當然據說這些人都是有本事的，郎才女貌，各取所需——這樣走的結果，各有想法，美女想，我跟醜人在一起，豈不是愈增添我的光輝？而醜男想，我能跟美女相伴，自己也隨之「照亮」，也「美」在其中啦！人心之微妙竟一至於此，誠可歎也！所以，怎麼保持美貌，簡直成了一些女人的頭等大事。像世界級的美女，四十年代名滿天下的好萊塢明星瑪麗蓮夢露，她的宛若天成的美貌，她的體態，她的「像在許諾般耳語似的聲音」，「足以使一個心臟脆弱的人倒下」（美國學者拉克夫語），當她深覺自己再也不能把這種美維持一天，再也無力支撐這一具偶像時，她居然吞下了四十七片戊巴比妥鈉，結束了輝煌的一生。留下無盡的懸念和「永恆的美」，她的美貌確實在毀滅中定型了。在美的縈紆下，她的恒力真是可驚！不同的是，像中國唐代女詩人魚玄機，一生寄情風月，風流而成痼疾。除了她的才情外，其「姿容鮮麗」是一個誘因。可是當她年長色衰，名氣也隨之銷歇了，有勢力的保護人悄然紛飛，他們不會靠回憶她的美目巧笑過日子，她也因此潦倒，最後因變態殺女童而受審斃命。這幾乎可以說是美貌流失了，生命也隨之貶值的一個顯例。

女人看重她的美貌，內因可謂千頭萬緒，擇其要者，乃無非以此而決定其身價、地位、財力及去向。女為悅己者容，有時一生中的一切難堪之處都在其中了。一九三四年美國結束了當時國內最大的案件——斃殺頭號罪犯迪林傑。迪林傑的兩次越獄成為美國罪犯史的經典故事，他因此引來了鐵腕人物，美國聯邦調查局長、大名鼎鼎的胡佛親自來對付他。可是，胡佛的特遣隊和與其配合的飛行戰鬥隊都一再被那迪林傑戲弄，媒介上開始用漫畫、小品來嘲笑司法部門。最後，胡佛終於找到了突破口——其美無比的某紅衣女郎，而迪林傑又為那女郎的美貌所迷醉而不能自己，終於，他還是忍不住和女郎去看電影，這當中，特遣隊在外面已圍成銅牆鐵壁，結果，那晚上，這頭號罪犯身中七十餘彈！

當然，這可以說是特例了，而特例正說明了有公例。美貌在人生的轉折處，起著不可小覷的決定作用，此時，偶然也往往是必然。其底蘊是美的震撼力。王昭君在兩國外交大會上，「豐容靚飾，顧影徘徊，竦動左右」（〈麗人雜記〉）。聚焦人的七情六慾，如白居易所說，美貌之惑人勝於狐狸妖精。而在有的事物上，美，時時左右人的心情，像林黛玉，她的嬉笑悲欣，都隨美醜而沉浮。可以說，她的價值標準，是首責其美，次求真善的。《紅樓夢》中，寫她和諸豔放風箏，黛玉的風箏是一個美人形象，她說「這一放雖有趣，只是不忍」，這真可以說是美人惜美人了！「照花前後鏡，花面交相映」，美貌的詩情，竟至嫋娜入骨了。而「人面不知何處去，桃花依舊笑春風」，則是永生的惆悵了，天若有情天亦老！

為什麼現代美容術能賺大錢呢？在發達國家，手段高明的美容專家，可以使不美轉換為美，矽膠（晶）在人的面貌上價值千金，起一種重構作用。其內裏的潛臺詞是，技巧手段可以變幻為真，起衰振頹，可是它作為一種價值標準，對人心有何種影響和刺激呢？也許有一天，我們看到一張張修飾襯墊了的美貌，不再說「呵，真美」！而是問「花了多少錢？」

據報載，美貌可以可能激發他人的善心。國外的教育心理學家做了一項心理測試：給七十五名大學男生觀看一疊女人的照片，這些女人有的風姿絕秀，有的則平庸醜陋。要求他們從中選出一位女性，前提是甘心為她做如下事情：搬家具、借錢給她、獻血、捐腎、游很長的水路去救她，甚至為了掩護她而捨身赴死。這些受測試的男生大多願意赴湯蹈火，冒死不惜，只有唯一不太願意做的就是借錢給她。

對心理學家虛擬的這些情境的回答，也許與他們實際上會做的相去甚遠，但從後面的幾次測試上看，人們大多相信這些學生所說為實。在實驗中，心理學家測試了他們會否一視同仁地對待美醜，結果發現，人們並不是將善行平均分配的。例如，在一次實驗中，讓一個漂亮女人和一個醜女人分別走近電話亭，向打電話的人詢問：「我是不是把一角銀幣掉在那兒了？」結果，有八七％的人將銀幣還給了漂亮女人，而將銀幣還給了醜女人的比例只有六四％。還有一次實驗，是讓兩個女人分別站在路邊一輛爆了車胎的小車旁，結果仍是漂亮女人先得到救助。心理學家說，這是她的外貌吸引了男人。甚至在不是遇見了自己真正傾心的對象的情況下，只要那個女人很漂亮，男人也會被吸引。這也算「屁股決定腦袋」吧；「狠鬥私字一閃念嗎」？——要求他人而已。

據說所有的罪犯在絞刑架下，都會變成勸人為善者；同樣的，生物性的衝動也會令他們作出一致的選擇，這或許可叫做「狗熊所見略同」吧。

美貌內外

有趣的是，人們很少請求漂亮的人幫忙。這在異性間的情況是如此，在同性之間亦然。而當涉及到男人與漂亮的男人相遇、女人與漂亮女人相遇的情況時，情形仍是如此。生活常見：人們做事取悅那些相貌俊美的人，甚至並不期望得到回報，那是說明美善一體嗎？不一定；那只說明，自身的善在他人的美引發之下，有可能出現。因為美實在是一種先天的生物性的身份象徵，這與一個人誕生在貴族之家或者繼承了一筆財富沒有什麼不同。正如作家吉姆・哈里遜所說的，美代表著「天生的不公平」。司湯達《愛情論》曾經舉一官太太的言論，她說，公爵夫人年齡美貌永不過三十。這句話，一方面，見得浮世薄俗，好話只向貴人說，一方面，又見得地位眼界修養陶冶等等對氣質的鑄造，所以，感覺上，公爵夫人，就永不老去，永葆青春年華了。這怎麼可能呢？然而，世俗的心理或許如此。

所以中國古人說，美言不信，信言不美。對好聽的話加以提防，人們對美貌也有相同的態度，美貌的人多虛偽。又說，美人少有誠實心；還有美麗常伴愚蠢，等等。

英國諺語：「鎖見美女自然開。」又說：「漂亮臉蛋猶如一封推薦信，還有漂亮臉盤，就是一半嫁妝等等。」

也就有與美貌較勁的諺語：「美而慳吝，一文不值。」美貌不能使壺水沸騰。人不能靠美而生，卻常常因美而死。還有什麼「漂亮不能當湯喝」，讀之令人啞然失笑，當湯喝之類，已經屬於抬槓了。

法國諺語：「美麗與虛榮形同姐妹，美麗與淫慾恰似母女。」還說：「女人越漂亮，貪心就越大。」又說：「櫻桃惹眼被人摘，女人美豔自引災。」這有點像中國古人說的：「豔若桃李，豈能冷若冰霜？」

話說醜人多作怪。其實美婦人一樣心術大大的不正，相貌作為心理語言的建築化，醜陋相當的顯眼。美貌則彷彿天然的屏障，多了一層迴旋，叫人防不勝防。羅馬皇帝克勞狄的美妻瓦列利婭陷害大臣的手法和中國美女鄭袖的心曲同出一機杼。她和那爾奇蘇斯串通陷害啊庇烏斯，那氏黎明時裝作驚慌失措跑進皇帝克勞狄的寢室，說夢到阿氏襲擊皇帝，這時瓦列利婭馬上藉口說自己也做同樣的夢，一會兒，阿氏果然來了。其實他是頭天接到命令來見皇帝的，可憐，皇帝由老婆等人的夢證明了真實性，因此下令將阿氏處死了。楚王的妻子鄭袖，也是絕色美女，為了排斥其他女人在宮中的地位，無所不用其極。威脅他的是楚王的小情人。她在不動聲色中，一方面對小情人說，楚王喜歡你捂著鼻子，一方面對楚王說小情人之所以捂鼻子是因為嫌你有體臭。結果那個小美人就被割去了鼻子。美麗掩蓋著殘忍和奸詐。

美是永恆的喜悅

嘉寶的美，一般人已難以形容，公認她的美是「傳奇般的美貌」。她十七歲開始演戲，這是一九二二年，她一九四一年退出影壇。上個世紀三十年代的英國作家庫克表達他的推崇，「嘉寶是所有男人夢寐以求的情人，（看見她時），如果你的想像要犯下罪過，至少可以慶幸它的完美品位。」又有戲劇評論家以為，一個男人醉酒時在別的女人身上看到的美妙，他清醒時在嘉寶身上也能看到。嘉寶本人是一個沉靜的女人，她不喜歡「跳來跳去的女人」（契訶夫筆下人物），尤其在後期，她喜歡獨處，她以為美麗在安靜中能長久保持魅力，一經打擾，就像陳酒泄了氣。由此，可見浮世的喧囂對美的殺傷力有多大了，然而，今天的美人們不得不在喧嘩中討生活，這既是一種宿命的現實，也是一種因循的慣性。人的無知而盲動的慾望，既期求美，又大幅度的扼殺美的因數。因為就世俗而言，在愛情的神話之下，掩藏著自尊自大，受虐狂和妄想，以及審美的僵化。所以，像嘉寶那樣，在世道的磨難迷茫中最大限度保持了美的性質的，要算是難能可貴了。

四大美人

習見的成語「閉月羞花之貌，沉魚盡雁之容」極盡誇張的能事，來比喻女人的美貌。「閉月」，是貂嬋的代稱。貂嬋某天夜晚在後花園拜月，輕風徐來，月亮自覺慚愧，趕緊躲在雲彩後面，因此，貂嬋也就稱為「閉月」了。「羞花」，是指楊貴妃。她對花自言自語觸摸之，花瓣收縮，宮娥以為花兒自愧不如。「沉魚」，說的是西施。浣紗的女子西施，明目皓齒，河水映照她的身影，游魚見之，漸漸地沉到河底，於是「沉魚」就成了西施的代稱。「落雁」，則說的是昭君出塞的那段故事，她坐在馬上，撥動琴弦，奏告別之曲。南飛的大雁聽到哀宛的琴聲，看到她絕世的美貌，忘記扇動翅膀，就跌落到地下來了。這樣，昭君既有落雁的本領，也就得來「落雁」的代稱。

沉魚落雁，閉月羞花，都美到極至，但設計殊類——即不同種、不同類的生物，其眼光就完全變更，這說來恐怕是出乎我們常人的意料的。莊周在他的〈齊物論〉中說，美麗如毛嬙這樣的漂亮女孩，人們都把她們推崇得不得了，沒有比她們更誘惑心志的了，然而，魚看到她們，趕緊跑到深水區去了，鳥兒見之，一下就飛得遠遠的，麋鹿遇見她們，蹭蹭的就箭一般逃避到森林裏去了。錢鍾書先生解釋說，這是因為，猿猴啦魚兒啦，飛鳥啦，她們都「各愛其雌」，愛他們各自的漂亮異性，人類再怎麼喜歡美貌異性，那是人自己的事情，閉月羞花等等，都是人們以「人同此心」的心理，放射到了動物生物的身上，實際上，不同種類的東西，並不愛慕其異性的。，而只能在同類中發生作用，同類中才能以美貌使情慾感動發施。錢先生譯拉丁諺語說：「豬視豬美，狗視狗美，牛視牛美，驢視驢美。」又譯伏爾泰論文，說：「什麼叫做美，去問雄蛤蟆，它必然這樣回答：雌蛤蟆最美！」

美醜的心理變異

嫫母因為面貌醜陋，到三十歲上，還找不到娶她的人。所以覺得每個夜晚都特別的長久。古希臘的哲學家柏拉圖說，「最好看的猩猩也是醜八怪。」德國諺語也很固執的認為：哪怕你給它們穿上天鵝絨，猩猩還是猩猩。可見人類的一般心理欲求，是以和諧為美，超出這種範圍，臉部發生錯位，像黑猩猩者，就很麻煩了，人們以為它是美的對立面，是醜的極至，人一旦與黑猩猩相似，他所受到的歧視，也就到了極點。然而，這還不算完，也有對生活對婚姻全盤失去信心的女郎，為生活折磨或為對方性格鉗制到了無以復加的地步，那就寧願一切撒手，一切放棄，在西方假如一個女人說，「我寧願牽著黑猩猩呆在地獄裏面」，那她對極醜的認可，總的背景就是對人性的灰心喪氣。這當中，心理演變的力量有多麼大呀！

美貌有足以改變世界的時候，但事情也有旁逸斜出的。呂雉呂后，還有賈南風，一個又老又醜，一個矮得像冬瓜，但她們攪亂天下，叫人根本沒有想到；至於文王、太公，他們的太太，都是歷史上有數的美人，卻只是普通的漂亮女人而已，並沒有對歷史產生壞的影。

美貌固然有她的持久性，吸引力，和它佔據人心的固有勢頭，但在特殊情況下，也有變化，那位在中國長大的美國女作家賽珍珠，在她的名著《大地》中說：「寧可當醜女的第一個戀人，也不要做美女的第一百位戀人。」什麼原因呢？大概她的意思是出於清潔觀念的考慮；因為美是脆弱的，相貌也如此，飽經滄桑和久經沙場，對美的殺傷力尤其大，美也經不起污染和折騰，不清潔的美只徒有外殼，並令人生發不潔的聯想，一再打折，那麼退而求其次，與醜女交往，慰情聊勝於無也差強人意吧。

Chapter 3

臉譜政治文化，適成笑柄

相貌與人生的功用，關係實在大矣哉。章士釗當二十世紀初年在東洋，初見孫中山書法，用日本美濃紙卷寫成，正大慈厚，內力彌漫，又字而想到人的風儀，內心頓生仰慕。差不多同時期，吳稚暉對孫中山先是鄙薄，認為不過是江湖窮居的草莽英雄耳。及見中山，觀其相貌，則是威重沈著，大氣磅礴，聞其談吐，則有千鈞氣勢，當下拜服不已。這是以貌取人麼，倒不儘然。蓋「人」也是一種「物」，生物萬千年形成衍變過程中，自有其規律物理，相貌往往是心理語言、內容的外在表徵。古代相書之夥，其底蘊意在偵破人類自身的秘密。曾國藩曾著《冰鑑》一書，專門研究人臉、骨骼、相貌與人生窮通浮沉的關係，號稱相學專家，他將這一套運用於實際，頗獲奇驗大效。但沒想到他也曾被人輕輕騙過。那是相貌清奇的飽學之士，先以「沽之哉」釣他，一而再、再而三之後，捲多金而去，令曾公為之氣沮。這個故事在晚清叫做「欺之以方」。

雖然臉相不能一概而定，不能絕對化，但也阻止不了人們在生活實際中有意無意的運用。這就是印象啦，好感、惡感、一見傾心等等的心理底牌。

李敖看書龐雜，他的作品世人褒貶不一。但其筆下確有怪文，他也喜歡研究相學，當然不是單純的看相。他是把所謂政治價值直觀化、具像化，譬如他從臉譜來看臺灣的政治文化，他寫到：

李登輝　李氏一農學會技正耳（技術員），他身高有餘，長相不足，毛病出在那張永遠合不攏的又大又歪的嘴巴上，一國「元首」到處走動，咧嘴歪牙，成何體統。

俞國華　俞氏一寧波帳房耳。他身材有餘，臉孔不足。看來看去，增一分為帳房，減一分仍為帳房。一口奉化國語，聽來難分是人聲還是鳥語。

李　煥　李氏青年軍一政工耳。方臉沒長夠，又長出一個長方嘴，內唇外翻，翻出來的都是清清楚楚的空話。

王　昇　王氏江西一土裁縫耳。此人長個大禿頭，怕老婆甚於怕蔣經國。最後一朝勢落成春夢，禿頭猾下，除老婆外，已一無所有。

邱創煥　邱氏臺灣一土蛋耳。渾身馬屁工夫，拍到大官做，此公講國語，三字一斷句，斷句後快口瀉下一句，聽來有大便暢通之感，故從邱氏大屁股臉上，不見政治文化。

這樣寫來，自然解氣且解頤。他以此斷定臺灣沒有什麼政治文化，輔以時事點染，確是形象直觀，較之玄而又玄的「學理」分析，倒可謂以少少許勝多多許了。其趣味之自來，源於相貌在人生中的地位，不論好感惡感，一見之下，即不免形成印象感覺，避無可避，相貌在人與人之間，各各喚起的心理反映是如此強烈，自然也不能就直感直覺一概而論。《北齊書・宋游道傳》嘗謂：「游道獼猴面，陸操蚪蚪形，意識不關貌，何謂醜者必無情。」倒也值得細味之。

內心的陰損瀰漫外表

古代皇帝要對小民百姓出奇制勝，最刻意強調的，乃是他們相貌的奇特，為此，往往如中了邪魔一般；甚至不惜過度誇飾，搞到非人非獸的地步。林彪有「兩桿子」即「筆桿子」和「槍桿子」的說法，其中「筆桿子」們發動以天命和民心為主題的文宣戰，臆造出新皇帝之母夢與龍蛇神怪交配之類無稽之談，或者用相面術（如劉備的奇特相貌和王莽的猥瑣長相）、政治歌謠、占卜術和各種異常徵兆（天象、符瑞）等偽科學為「天命」張目，利用人民對舊王朝的憤怒以邀民心。

司馬遷的文筆神出鬼沒，指揮裕如，秦始皇的相貌是在文中由另一人物的口中敘述出來：李斯因說秦王，請先取韓以恐他國，於是使斯下韓。韓王患之。與韓非謀弱秦。大梁人尉繚來，說秦王曰：以秦之強，諸侯譬如郡縣之君，臣但恐諸侯合從，翕而出不意，此乃智伯、夫差、湣王之所以亡也。願大王毋愛財物，賂其豪臣，以亂其謀，不過亡三十萬金，則諸侯可盡。秦王從其計，見尉繚亢禮，衣服食飲與繚同。繚曰：秦王為人，蜂准，長目，摯鳥膺，豺聲，少恩而虎狼心，居約易出人下，得志亦輕食人。我布衣，然見我常身自下我。誠使秦王得志於天下，天下皆為虜矣。不可與久遊。乃亡去。秦王覺，固止，以為秦國尉，卒用其計策。而李斯用事。

專橫者的相貌與內心

尉繚子差不多相當於今天的軍事戰略家，秦始皇和他又相處融洽，衣食住行都重視他的意見。尉繚子得以近身觀察，所以對他的相貌描繪極形象。這裏將其性格大略與其外貌一起敘寫，實有深意。關於他的鼻子，錢鍾書先生說是鼻尖特尖，郭沫若說是如蜂身一樣，兩頭高，中間塌。總之是異形畸形，與和諧相反的怪相。眯眼睛，雞胸，胸腔裏發出豺狗一樣的聲音。秦始皇刻薄寡恩其心地如虎狼之殘暴，這樣的性格，是屬於那特殊的長相。也可以說是和他的長相一而二、二而一的聯合體。秦始皇以起，酷刑誅三族，思想專制與連坐惡法偕行，乃帝王專制主義的始作俑者，其單元主義的大一統觀念是中國社會文化的最黑暗一面，為禍兩千年。焚書坑儒，收天下之兵鑄為金人十二，是斫殺歷史，使之斷裂，消除人民的精神記憶。封住人手之外，且封住人口。

先天不足的秦皇面相，畸形變態

秦始皇怎地長了如此一副尊容，說來也是有生理原因的。起先，闊綽的大富翁呂不韋有一位邯鄲美女的女朋友。寢處甚悅，遂有身孕。而呂不韋的朋友秦莊襄王（子楚）恰好也對這美女一見而迷戀之。呂不韋是先惱怒後輾轉認可，就將女孩獻給了子楚，子楚即位後，遂立此美女為夫人，她就是秦始皇的媽媽，那個小孩，就是秦始皇。在這一換夫的過程中，難保沒有驚嚇折騰，胎氣受驚動，自然就出現畸形兒。也就是說，尚在胎兒時期，嬴政就經受戾氣的籠罩，所以他不但長相怪異，且行為乖張。秦始皇小的時候，就作為人質，被軟禁在趙國，請試想想看，這樣一個小孩子，本來應該在父母的呵護下，天真無邪地成長的，讀書，玩耍，調皮，可是，秦始皇卻是處處看人臉色，受到看管，其幼小的身心受到了一定的影響，而且，一直和母親待在一塊，在古時候，女性的地位本來就地下，沒甚麼文化，經歷又複雜，所以他的心理已經往畸形的方向發展了，而且造成了他極其倔強和頑固的性格特點。這也許也是「三分天災，七分人禍。」

秦始皇的相貌嚴重不足，於是他就向外延發展，秦始皇南巡，儀仗萬千威風凜凜。劉邦羨慕得大喘氣：「大丈夫生當如此。」項羽羨慕得心癢癢：「彼可取而代之。」其中有較為明顯的補償心理。

如果這樣的畸形發展得到了補救，那麼也就好了，可是偏偏糟糕的是，他十三歲的時候，就即位做了皇帝，又是在本該玩耍的年齡，要承擔政治的壓力，這種壓力不但來自國外，而且來自身邊，一方面，他雖然是皇帝，但是大權在呂不韋手裏，另外一方面，後宮的嫪毒，也使他的後院起火，所以，小小的年紀，就體會了一個成年人所無法承受的痛苦。這個時候，他扭曲的心理已經形成了。他長大後，將他的媽媽的男朋友五馬分屍，又將他的兩個同母異父的小弟弟裝在大口袋中撲殺之。這當中，他媽媽的不檢點或說那男人與他媽媽的私通令其心頭陰影密佈。於是在強烈的暴力傾向的驅使下，秦始皇開始和其他國家打仗，就是歷史書上的「統一全國的戰爭」，長期的壓抑，在戰爭中得到了補償，對人民，他實施的是把強姦說成是做愛的愚弄。這麼一個醜陋的人，權利欲沸騰，所欲造成的萬世之澤，結果兩世而斬。他的公子二世活在被人指鹿為馬的環境之下，最後求為郡長不得，求為萬戶侯也不得，甚至求為黔首百姓種菜灌園也都不得，被逼迫自裁。秦始皇死後屍臭如鮑魚，也就真的要用兩擔鮑魚來故布迷陣而掩蓋之，真可以說是冤了鮑魚。專制害民害己，一至於此。秦始皇在小時候就已經是一個「吃狼奶長大的問題小孩」。兩千多年後，有那拍電影的，設計多位刺客刺殺秦始皇，百計不得，自身死於萬箭攢射之下，秦始皇則威武不屈，金光閃閃的樣子，那實在只能說是變態對變態的認同和不幸的遺傳罷了。他們的共同之處是都要以其不堪的「理想」強加於人，灌輸邪惡與無能，妄欲將人間最大之悲劇開脫、勾銷，聲光電化中，妄念益深，蒙昧益深。

王莽長相怪異

班固的《漢書》，寫王莽傳——這大概是廿四史裏面最長的人物傳記，也是寫到一半，即行文至中卷之時，方才騰出手來從容寫王莽的相貌，這樣，外貌和人物的行止，行為方式淵然融會在一起，互相制約，互有關聯，「莽為人侈口短頤，露眼赤睛，大聲而嘶，長七尺五寸，好厚履高冠，反膺高視，瞰臨左右。是時，有用方技待詔黃門者，或問以莽形貌，待詔曰：「莽所謂鴟目虎吻豺狼之聲者也，故能食人，亦當為人所食。」問者告之，莽誅滅待詔，而封告者。後常翳雲母屏面，非親近莫得見也。

可見他的臉部的下半部是很不合比例的，口太大，腮幫又短，眼珠外露，而且紅得像有病一樣。他的聲音也是破啞難聽的。他的穿戴也怪異，帽子高，鞋底很厚，看人時身姿彆扭得很。這樣，給人的第一印象就很差，見到他的人說，王莽，他的眼睛像貓頭鷹，嘴唇像老虎，聲音像豺狼；他殺人越貨，最終也必然死於非命。文章到這裏，似乎是說，像他這樣一個人，並不能有效地管理國家，他的改革，多是想當然的臨時建制，結果左支右絀，導致他走向專制專橫一根筋的死路。

暴君尼祿他的相貌也是先天不足，他的妻子扮靚有術

法國派克特寫的《鏡子，美的歷史》一書中，談到羅馬皇帝尼祿的妻子波佩，為了她的一張臉如何的興師動眾。她非常重視她的長相，因此在打扮上費盡移山心力。每天早上她的梳妝須動員一百以上的奴隸，臉上用黑麥粉、馬鞭草葉片粉末、蜂蜜及驢奶打底，這也是一種勞動，在此過程中，她甚至發明出一種美容面膜，有奇效大驗。古羅馬詩人尤維納利斯稱之為「丈夫的臉」。因為這一切的底蘊是女為閱己者容。而當時女貴族的晨間梳妝已經是一種普遍的風氣。其過程，彷彿軍人的一場戰鬥訓練。「全身有孔之處必清洗刮擦，臉上的部位和身體的各關鍵之處均須除毛，牙齒用磨碎的角質物擦亮，咀嚼香芹使口氣芳香，臉上的痦子等以假痣蓋住。還要以甲板平衡肩胛骨的高低。另以適量鉛粉塗抹，以銻或番紅花做眼

影。」她們是如此的來照顧這張臉。以至當時的詩人說，彷彿她們的臉一不小心就會掉在地上四分五裂。

在漢譯世界名著版的《羅馬十二帝王傳》中，關於暴君尼祿，是他有多位妻子。最先的是屋大維婭，然後才是波佩（一譯波貝婭），最後是斯塔提里婭美撒里娜。波佩是離任財政官的女兒，顯然她最漂亮，又最善於打扮，其美容工夫，已如上述。但因尼祿是一個不可思議的暴君，所以，凡跟他認識的人幾乎沒有不手到他的迫害的。尼祿喜歡殺人，還喜歡對屍體品頭論足。他三歲的時候，他父親死了，他的童年相當的不幸。他長大後，成了一個蠻橫、好色、奢侈、貪婪、和殘忍的人。他喜歡誘姦已婚婦女，他甚至跟自己的親生母親通姦，他揮霍金錢的方式為常人所難以想像，他建造的園林幾天都走不完，裏面豪華得像一個富足的小國。他的妻子無論喜歡與否，最後都會被他謀殺。他聽到有人談話說：「我死後，願大地一片火海。」尼祿迅速回答：「不，在我活著的時候。」可見其瘋狂一斑。

正像司馬遷寫秦始皇的外貌是在文章的中間才一撇手道出一樣，歷史學家蘇維托尼烏斯寫暴君尼祿的外貌，也是放到文章的最末尾，是在尼祿為起義軍逼迫自殺以後，這時候，閱讀的興趣已相當緊張高漲，說是他：「身材高矮適中，體表有斑紋，散發臭味，頭髮淺黃，面容與其說風雅，莫如說端正。他眼珠淺綠，稍微近視，脖子粗，肚皮大，兩腿很細。雖然淫慾無度，可在他統治的十四年中，他統共只得過三次病。他經常不繫腰帶，赤腳出現在公共場所。」

這樣一個暴君，長相總的說來是一副怪態，與秦始皇有異曲同工之處，生長的年代也相去不遠，他們都有不幸的童年，長得都不大對頭。但是，尼祿雖然一肚子的壞水，但他的壞相當的個人化，不像秦始皇的壞，壞成了一種鐵桶般的社會制度，害人兩千年。尼祿死時三十二歲，史家記述那是「大快人心的一天，人們戴上自由帽，全城上下奔相走告。」可是秦始皇死了，人民竟還沒有這種慶賀的自由，兩種處境之懸殊令人浩歎。

薩達姆故作鎮定

薩達姆的相片，在報紙時事版出現的幾率之大，稍讀報者俱耳熟能詳。他是一個外表堅毅，內裏顢頇，外表做作，內裏陰暗的混世魔王。從他對其國家的經濟掌控方式，即可見一斑。

他的國家在受到聯合國的嚴厲制裁，它的家族卻大發戰爭財，成了暴發戶。出賣石油的巨大收入成了上層斂財肥私的法門。據中國外交官撰文介紹，伊拉克從一九六八年到一九八〇年八月二日的外匯儲備為五百億美元，所有這些資金一直掌握在薩達姆家族的手中。

近些年，伊拉克當局對糧食、藥品的發放已經形成一個黑洞，大行黑市交易，當局與走私犯相互勾結，從中牟取暴利。有一些在「石油換食品」項下進口的糧食、藥品經過政府官員之手，以高價轉口到鄰國，而由此換來的美元，則塞進不法官員的腰包。

為了確保政權穩固，伊拉克當局耗資一百億美元，在全國各地塑造了上萬座大型的薩達姆各種姿態的銅像和數不清的遍佈在全國各地大街小巷的薩的畫像，還有各種的畫像、紀念碑、紀念幣、紀念章、紀念郵票、手冊、文集等各種宣傳品，特別是在各個博物館、展覽廳、會議中心的牆上雕刻、繪製出幾千幅大形浮雕，做工十分精緻，其成本之高可想而知。而且，每年要有成千上萬的人員專門進行維修。

自從「海灣戰爭」以來，薩達姆和他的兩個兒子為了保命起見，花費數十億美元為自己修建了七十多個隱蔽性能很強的地下宮殿。這些宮殿的建築材料都是用高價從國外進口的，戰時可抵禦核武器攻擊。薩氏家庭成員每人有一套類似的房子，並配有相應的廚房、衛生間。耗資之巨，令人咂舌。

其內心，是懷著巨大的死亡的恐懼，因此要將他的容貌變成印刷品、金屬製品、美術及雕塑作品來在世上流通。人們將深深記住這副尊容，不過，效果可能適得其反，可能是將他作為詛咒的對象來記得的。

伊拉克的落後，決不說明落後就要挨打這個觀念。因為它的落後，並不是沒有錢的落後，也不是缺少先進武器的落後，而是觀念的落後。他可以很有錢，石油這種不可再生資源沒有給伊拉克人民帶來富裕，只是給薩達姆及其家族帶來了奢華的生活。自己國內的大規模殺傷性武器只能由聯合國通過決議被銷毀，因為戰爭狂人擁有它們被認為只會被用於侵略而不是「保衛」國家。而不講遊戲規則的獨裁者不怕禍延國族，也不考慮國家利益。事實是，落後並不挨打，不講遊戲規則才會挨打。潦倒窮困的國家多的是，因為講道理，反而受尊敬的。

世界最大殺人犯希特勒長相明顯病態

希特勒是世界上最大的殺人犯，他以為，世界上凡是不屬於優良種族的人都是糟粕；在此變態思想指導下，他指揮德軍瘋狂屠殺猶太人。戰爭其間，他的相貌竟引發了中情局的極大關注。最初，希特勒被朋友和敵人極其不幸地低估，因毫無節制的狂言亂語曾被人取笑，因他作為狂熱的大眾演說家和催眠術家長期被其他政治家忽視，效法義大利法西斯的暴動策略在一九二三年告失敗，他在獲釋後從一九二五年起試圖走合法的途徑取得政權。但他的煽動術終於因其善於製造混亂而取得效果，獲得廣泛擁戴，一九三三年，他取得了政權。隨後希特勒被任命為總理，以驚人的速度也在國內鞏固獨斷專行的權力。為此，他需要控制國防軍、員警和官僚機構，取得專控的立法權，消滅反對派。

據說，第二次世界大戰期間，美國總統羅斯福令中情局偵測希特勒性格，以決定決戰時機。中央情報局遊刃有餘，得出了「希特勒性格特徵及其分析報告」。這當中涉及到他的相貌的生成，可見不是可有可無的小節。關於他的相貌怪異，也有其來源，希特勒當權後曾多次做過降鼻手術，企圖以高挺的鼻子，造成剛毅自信、勇敢無畏的印象，好像只有他才能扭轉乾坤。中情局心理專家分析了希特勒有嚴重的心理障礙的結論，即一方面他有特別畸形的虛榮心，另一方面又嚴重缺乏自信。同時認為，開闢第二戰場，無論軍事上的效果如何，對希特勒的心理打擊都是巨大的。在重重壓力下，他的心理狀況將會和他的相貌一樣，更為扭曲、變形，一九四四年六月六日，盟軍出動了一萬多架次轟炸機，三個空降師以及數百艘戰艦和兩栖坦克，在西部諾曼地登陸，向德軍發起猛烈攻擊。這一作戰態勢，給希特勒心理造成了沉重的壓力，他生理方面的疾病根源則是梅毒侵染了他的大腦，使他患上腦炎，導致神經功能紊亂。

拍攝於一九三四年的《意志的勝利》是一部與納粹政治有關的電影。一九三五年由美貌的德國女演員、電影導演萊妮・里芬斯塔爾拍攝。首映式時，身著白色裘皮大衣與露胸晚禮服出席。很明顯地，這位女導演注重相貌的作用，而且希特勒也對她網開一面。納粹宣傳頭子戈培爾認為這部電影貫徹納粹政治的成果。據說，在拍攝《意志的勝利》時，里芬斯塔爾按照她自己的美學觀來處理這個極容易拍得乏味的政治會議。對於納粹高級幹部的鏡頭分配，她也無視納粹黨內的排名順序逐個拍攝，而是根據自己的鏡頭美感來拍攝，招致反感。而對那些納粹頭子的夫人們，她也只把她認為漂亮的夫人攝入畫面，而許多年老色衰的納粹家屬就失去了出鏡的機會。當納粹第二號人物魯道夫・赫斯向她提出這一點時，她有恃無恐地諷刺說：「要是那些大人物們跟長得再美一些的人結婚就好了。」這種相貌觀念的固執，居然頂撞意識形態的緊箍咒，也甚為罕見。西諺說：「口味不容論爭」，常常不期然而然的表現出來。

當年希特勒在德國以法西斯恐怖壟斷權力，鎮壓異議人士、瘋狂迫害猶太人；在他出兵突襲蘇聯、侵佔捷克、攻掠奧地利的每一個時刻，如果當時英法美等民主國家能夠果斷興義師弔民伐罪，對其合圍從而推翻其政權，世界就應該可以避免後來的災難，但當時除了邱吉爾一人外，幾乎沒有人有這樣的遠見卓識，對希特勒採取綏靖政策的張伯倫，居然在簽訂慕尼克協定回國後受到了英雄般的歡迎。

然而希特勒酷烈行為無情地嘲弄了懷抱善願的所有人。

希特勒獨裁政權的作為和二戰史無前例的慘痛教訓告訴人們：對本國人民殘酷和暴虐的專制政權，對世界是不可能有信義和友善的。對專制政權和獨裁暴君決不能心存幻想和僥倖。二戰之後，只有美國是唯一深刻記取了第二次世界大戰歷史教訓的國家，其他國家大都好了傷疤忘了疼。很多人並不知道希特勒是近現代世界最大的殺人犯。

甘地說：「人作為動物是殘暴的，而作為精神存在是非暴力的，他一旦在精神上覺醒就不能夠再使用暴力。」誠哉斯言。他又說：「非暴力行為的第一個原則是不參與任何羞辱人的事情。」就這個標準來看，如希特勒者，是深陷精神泥淖永遠沒有醒來的人。

紅衛兵的盲從臉貌

二十世紀九十年代初南斯拉夫解體後，巴爾幹半島相繼發生波士尼亞戰爭和科索沃戰爭，種族清洗，生靈塗炭，死亡人數近三十萬，造成歐州二戰之後最慘重的人道災難。當時聯合國、歐盟和各大國百般調停均無結果，以至束手無策，最後兩場戰爭均靠北約毅然軍事干涉才迫使塞爾維亞民族主義者停止殺戮，巴爾幹半島始得和平。

就像美國國家安全顧問賴斯女士所言，卡拉季奇（波士尼亞的基族領袖，犯有種族滅絕罪行）、米洛舍維奇、薩達姆這樣的獨裁者，他們唯一懂得的語言就是武力。一貫玩聯合國於股掌之上的薩達姆最近對聯合國武檢較為合作，眾所周知是因為英美大軍壓境的緣故，但一見全球千萬人反戰，薩達姆態度又變得囂張起來。可見這些狂人都是不見棺材不掉淚的傢伙。軍事干涉伊拉克就像北約軍事干涉巴爾幹半島，是一種不得已的外科手術，只有割掉這些好戰者的毒瘤，才能止血療傷。

人民的命運掌握在獨裁者手中。在專制極權國家，全體人民的命運掌握在獨裁者一個人手中，暴君唯一懂得的語言就是武力；除非這位暴君完蛋，否則人民的苦難不會走到盡頭。第二次世界大戰後期，稍有理性的德國人都知道這場戰爭他們已無法打贏，但是獨裁者希特勒要戰爭到底，德國人民只好陪葬。

康生十九世紀末出生在山東諸城，先在上海上大學，繼而也在上海從事地下破壞活動。他到延安後在「審幹運動」中大出風頭，他總算把在黨內一直未能獨領風騷的壓抑盡情地發洩了一番。作了令人毛骨悚然的「搶救失足者」的報告，把特務的帽子扣到一切他憎恨的人的頭上。他採用了欺騙恐嚇、詐取口供、指鹿為馬、酷刑折磨，刑訊逼供等手段，傷害了大量的忠誠幹部，僅西北公學的五百多人，竟揪出九六％的特務，在綏師十幾歲的小孩子中竟揪出二百三十個特務。他採用的肉刑有車輪戰、壓杠子；打耳光，舉空甩等二十四種；短短的時間內，延安地區有五、六十人自殺身亡。康生從那時起便積累了一整套排除異己的整人經驗。

他作詩、繪畫、寫字，從故宮等處攫取各種珍貴文物。同時窺視政治舞臺變化，等待捲土重來的機會。八屆十中全會「千萬不要忘記階級鬥爭」的綱領一制訂，他的精氣神又來了。在這方面，他是如假包換的大腐敗分子。侵佔的文物以天價計算。但為著弄權的需要，一直擺出一副正義凜然的馬克思主義模樣。四人幫、康生一夥，也是半吊子的野心文人，長相極為輕浮躁進，為不堪信任之相。他們早年就將靈魂拍賣給了魔鬼，實為政治爛泥中的惡徒，歷史的巨騙，與魔鬼交易直至終局。畫師說，畫鬼容易畫人難，實在因為人間就有活生生的魔鬼。所以四人幫的長相實可作為歷史的標本，醜惡的極限。

人們對四個現代化之外的第五化——政體現代化，久作雲霓之望。不明白第五化的重要性的人，或別有用心專事抵制的人，長相都不大對頭，不大開化，不大正常，如康生者，實在也只有用青面獠牙來形容，差可得其彷佛。

錢鍾書先生《管錐編》三一四頁引英國舊劇一法官謂「吾已審視此子，必為大憝。相貌奸惡，汝曹亦曾睹其偶否？明執法憑此容顏，雖無辜亦判絞耳。」康生亦即此種可判絞刑的奸惡面容，但他卻害人禍國，居然壽終正寢，古來有所謂天道之說，是矣非矣？

十年浩劫時期的紅衛兵好像很精明，現在倒回去看當時的照片，看他們盲從的臉，是很醜陋的。彷佛黃萎病患者。如果精神世界很成問題，則其面貌終歸是荒唐。魯迅先生曾經說過一個故事：大道上有個人站在那裏望天空。後來來了第二個人，他也跟著向天上看。後來又來了第三個人，第四個人……到最後那兒站了一大群人都在看天。這時來了一位老者，他問其中一個人為什麼看天，他說不知道，便問旁邊的人，那人也說不知道，就這樣問來問去，誰都不知道。最後問到第一個站在那兒的人，眾人才明白——那人是個傻子。

這個故事初看起來像是不知所謂，其實魯迅先生講此故事大有深意。仔細一想，原來他形象的描繪出了中國社會人群的一大特點：盲從。長期的專制愚民搞到大家沒有頭腦也無法思考，盲目的跟著別人的腳步走，像個傻子。所以，「今兒個咱老百姓呀，真呀嗎真高興呀。」這樣的歌詞，也就深入人心了。

胡佛年輕時即善用頭腦想問題，對美國國父傑弗遜等人開創的民主傳統極為擁戴贊許，因為他要保衛這種價值觀念。他任聯邦調查局局長幾十年，立下不朽功勳。他認為「激進運動的領袖人物多呈畸形思想，是空想家和瘋子。那些人乃極自私的職業鼓動家，性卑術醜，眼神狡黠而貪婪，令人一眼看出其犯罪類型。」可以說，胡佛提前為紅衛兵畫了像。

紅衛兵和那些為數眾多的「運動員」玩到後來，情況就成了清初明代遺老雪庵和尚做的〈剃頭詩〉：聞道頭須剃，何人不剃頭？有頭皆可剃，無剃不成頭。剃自由他剃，頭還是我頭。可憐剃頭者，人亦剃其頭。這詩後被歷次運動都挨整的夏衍戲改為：聞道人須整，而今盡整人，有人皆可整，不整不成人。整自由他整，人還是我人，請看整人者，人亦整其人。

這樣整來整去，人心及國民精神面貌益發委頓不堪，道德境況落到歷史的最低點，在此險惡環境中，人的生理面貌也和精神一樣，酸苦卑瑣，沒有人的樣子了。

曹操形貌不堪之處

在《三國演義》中，曹操的相貌不如他人明朗，他「身長七尺，細眼長髯」。如此而已。他的長相，應是有城府，善機變的那一種。給人的感覺，應是不堪信任，倒該防備的印象。他小時候，就不幹正事，遊獵歌舞，吃喝玩樂，這一套他無師自通。他的叔父見他遊蕩無度，就告訴他的爸爸。他爸爸曹嵩責之。這樣曹操便懷恨在心了。一次他見叔父來了，遂詐倒於地，做中風之狀，叔父驚訝不已，告訴他爸爸。他爸爸急視之，曹操又做出屁事沒有的樣子。他爸爸說，你叔父不是說你中風了嗎？曹操說那是污蔑的呀，您也信？他爸爸對他叔父不滿意了。曹操於是更加放蕩。

所以，杜甫給曹家的後裔大畫家曹霸寫詩，說他「將軍魏武之子孫，文采風流今尚存」云云，當中就透著很大的恭維，因為這裏把文采風流的形貌偉略一半算在了曹操的頭上，是他傳給子孫的。這就與後世的曹操的文學形象不大符合。後世的小說中寫他殺呂伯奢一家，其理由叫人不寒而慄。

《世說新語》記載曹操的形貌，有其不堪之處：魏武將見匈奴使，自以形陋，不足以雄遠國，使崔季珪代，帝自刀立床頭。既畢，令間諜問曰：「魏王何如？」匈奴使答曰：「魏王雅望非常。然床頭捉刀人，此乃英雄也。」魏武聞之，追殺此使。代替他的崔季珪，那倒真是美男子，此公「身姿高暢，眉目疏朗，鬚長四尺，甚有威重」。

曹操收編了青州兵後，有了軍事實力，便派人到山東去接其老頭。曹父頗富，有輜重百餘輛車，行至泰山郡，被一些貪財士兵劫財害命。曹操大怒，因這些士兵屬徐州地方軍閥陶謙在山東的駐軍，也可能受了陶謙的指使，曹操即發兵攻陶謙。陶敗走郯城，曹操攻之不克，遂獸性大發，將徐州的老百姓「坑殺男女數十萬口於泗水，水為不流」。其情其景，豈非慘絕人寰！當時徐州的百姓，不少是避董卓之亂的逃難百姓，他們沒料到，逃到比較和平的徐州後，等待他們的是更加恐怖的屠殺。

美男子的脆弱極限，現代史上的幾個人物

關麟徵回憶黃埔生涯，說陳炯明「眼有點斜」，述及汪精衛，他許以四個字：「玉樹臨風」，正是如此，他的確是個美男子。從小聰明好學，相貌斯文英挺。汪精衛就外貌而言，如昆山片玉，灑然高秀，思維敏捷，神色朗然。謀殺滿清親貴，事泄被捕，將責任全盤攬於一己之身，說明他的男兒血性，是有擔待有擔當的一副鐵肩，意志堅韌感情深厚。但後來竟然為了政治權爭的失敗，跑到日軍的卵翼下強顏歡笑，名節事功毀於一旦，戰後墳墓被炸，真正的死無葬身之地了。史料記載，清末民初的革命黨人，因為喝過洋墨水，又滿腹愛國正義，個個英挺瀟灑，其中，辛亥革命的先驅之一宋教仁，就是非常「有型」的一位。他生於湖南半耕半讀的農耕家庭，宋教仁卻有混血兒般的濃眉大眼和書生的斯文氣質，這位把一生

都奉獻給革命的先烈，三十二歲就死於袁世凱的暗殺。有型男被豬頭樣的顢頇軍閥害死，讓人歎息！

年輕的網友們認為，民國初年的蔡鍔將軍，是歷史課本中最帥的一位，瘦削的臉龐，英挺的五官，加上兩撇小鬍子，和那些北洋豬頭將軍的模樣成了反差極大的對比。人稱愛國將軍的蔡鍔，和名妓小鳳仙相知相惜又不能長相廝守的苦情，是電視劇、舞臺劇的熱門題材，而蔡鍔將軍人帥不長命，三十多歲就病故了，更添傳奇性。而懷念他的新新人類，也只能看看劉曉慶演出的「老鳳仙」，來聊發思舊的幽情了。

太平天國人物群像粗疏粗陋、發育不當

太平天國人物群像。洪、楊亂起，其所依仗者，詭秘不為外人所知耳。

太平天國忌諱首領之死亡，凡戰死疫死，均於花名冊早其名，保留頭銜稱謂等等。荒謬絕倫。

洪秀全面目，在起事時他是四十來歲的中年人：「身材魁偉，赤面高顴，有須，粗通文墨，」他成天幹著賭博、走私，耍無賴那一套。他以天王之尊，卻正經八百的讓楊秀清打屁股，跪在楊秀清的面前，因為楊氏說天父來了，就附在他的身上。打完屁股，又為君臣如先前一樣。洪天王是荒唐荒謬，亂來亂鬧，蟻螻不如。早年藏匿深山，蓄髮長達尺餘，一直沒有剃除，他那一副尊容，令人不敢恭維。種種狂悖殘殺，與瘋子無異。洪秀全年輕時科考落第，神經受刺激，遂開始裝神弄鬼，同時加深了他的暴力傾向，自戀傾向。天京內訌以後，諸王死亡殆盡，石達開也給逼得非走不可，其人待盟友如此，是為無義；對最後的柱石李秀成變態似的胡罵，像惡婆婆念經，竟至詛咒，是為無信；南京圍城期間嚴禁百姓出逃，更是不仁之至。其人面容應是扭曲變形，陰鷙奇怪，然而南京紀念館，他的塑像居然器宇軒昂，觀之啼笑皆非。《太平天國》中的描述是：天父上主皇上帝，頭戴高邊帽，身穿黑龍袍，滿口金鬚托在腹上，象貌最魁梧，身體最高大，坐裝最嚴肅，衣袍最端正，兩手覆在膝上。這位上帝不但有形，而且和凡人一樣有妻室子嗣。不但在天界，還能經常下凡附體傳言。鑒此，有的外國傳教士這樣評論說：「人神同形論，十分顯著。上帝由天上遠來下凡，描寫得似俗人一般無異。自吾人觀之，自覺其荒謬不能堪。」

太平軍入南京，洪秀全一頭鑽進深宮，安享富貴，不坐朝，不見人，連一個國君的基本動作也不做。此時洪秀全完全暴露出真面目。洪秀全的表現較從前帝王更荒誕，自修建豪華宮殿，強搶民女幾千。天京宮廷生活中，洪秀全把嬪妃當成一群牲口，動輒打、殺，宮廷生活是一片肅殺之象。太平天國「旨准頒行」的官書〈天父詩〉十七、十八中所載對后妃的管教規定：「服事不虔誠，一該打；硬頸不聽教，二該打；起眼看丈夫，三該打；問王不虔誠，四該打；躁氣不純淨，五該打；講話極大聲，六該打；有喙不應聲，七該打；面情不歡喜，八該打；眼左望右望，九該打；講話不悠然，十該打。」洪秀全對后妃虐待不僅是打，是殺，而且使用各種酷刑來慢慢消遣。洪秀全制下，大小官都是王，封王一千多個，荒謬絕倫。開國之君未見如此者。至於他還掃蕩一切歷史文物，摧殘和拒絕所有近代化工商業，將南京搞成一個大軍營和大集中營，夢想將南京這一套搬到全世界，排拒中西文化文明，那真與禽獸無異了。

楊秀清之長相，「身材中等，黃瘦微鬚，已損一目，識字無多，奸譎異常。」靠施詭計籠絡群醜。他的為人是無賴無聊，陰損陰暗。他在洪秀全面前，是唯一不下跪的，朝議時間，他突然就說天父來到了他的身上，憑藉這一點，遂其慾望。他對部下若有猜疑，也是如法炮製，突然就說天父來了，指某人為叛逆，那人就被點天燈、斬首，或者五馬分屍。他喜歡以殺人、株連累累來表現他的威猛，他的種種權詐煽惑，皆自以為智慧，實際旁觀者無不笑其愚蠢。楊秀清，他也是燒炭出身，識字有限，他也極陰險，城府非凡人可探，他也玩弄權術，玩起來昏天黑地，他也以妝神弄鬼出名，這人不會是普通農民的德行，一定相帶煞氣，至少是目露凶光。野史說他瞎了一隻眼。

正軍師西王蕭朝貴，「面貌兇惡，性情猛悍」，偶爾楊秀清也賞給他一機會，也讓他說天父附體，來至於餓別人。他與湘軍戰鬥，被大炮轟擊身死。

副軍師南王馮雲山，他是廣西桂平的一位鄉村教師，懂得星像，對天主教的理解，也較合常例，他長得比其他人要清秀一些。他在率領部隊攻打全州時，被清軍以滾燙的桐油稀飯從城頭澆下而燙死。

副軍士北王韋昌輝，「身材瘦小，白面高顴，鬚眉疏秀，頗知文義，陰柔奸險。」他家是當地富商，捐獻了幾萬銀兩給洪、楊，得以入夥。此公封王之後，竟要他的親生父親向他下跪，喊他三千歲，他也恬然受之不為恥。蓋此人以為親生父親是肉父，而其是天父之子，可以受跪，真是刁民之所以為刁民也。歷史學家寫天京內訌，謂之瘋狗，因他是執行人，是作為天王工具的刀槍。

左軍主將翼王石達開，「身材長大，黑面高顴，微呲多發，目有凶光。」為人相當鄙陋兇悍。他家也很富裕，捐獻十萬金，入夥為骨幹。湘軍視他為銅臭小兒。他有一個特點，每見楊秀清發瘋，詭稱天父附體，造謠惑眾時，他都深信不疑，且惶恐流汗，激動難以抑制。

就共同的特點而言，這一群體的人長相多黑面孔，高顴骨，鬚髯或稀疏或密集，目有凶光，鼻子大則大得過分，嘴唇厚則厚如豬，嘴巴臭則臭如廁，毛髮凌亂，氣息粗鄙。他們多性情兇悍，不通或略通文墨，為人苛酷，奸險莫測，魚肉鄉黨，最後在他們這一幫人的亂鬧之下，文恬武嬉，百事墜廢。

陳玉成，也有的記述認為他是俊美少年。趙烈文《能靜居日記》說他：「貌甚秀美，絕無殺氣。」勝保的幕僚寫「貌極秀美，長不逾中人，吐屬極風雅，諳歷代兵史，侃侃而談，旁若無人。」老外呤唎更過分「……在我見過的中國人裏面，他們兩人算最漂亮的了」。

李秀成，他被俘後關在籠子裏，曾國荃因為弟兄死傷極多，對他恨之入骨，竟然走近籠子用婦女納鞋底的錐子刺他的屁股，奇痛錐心，他卻很冷靜的說，老九，個人事各人擔，何必出此！他是太平天國結束期的見證人物，他用自己的生命為此作了長長的注腳，天國人物中，他留下了一幅畫像。他從這幅小小的炭筆畫像中冷露無聲般地望著後人，他的面容透露幽深的神情，似乎包含盡多的幽怨，又似乎無怨無悔，似欲傾訴，亦似在傾聽。

天王詩如其人鄙俚怪誕

順便說說天王的詩歌「作品」——

一般帝王，即使兇狠暴虐，也還可以不去惹他，此所謂惹不起，躲得起。因其意義在管制人的身體行為，所以古人頗有依託山莊別業，鬆鬆活活過了一輩子的；另同樣一種教主性質的人物，那就躲也躲不起了。秦始皇不特收天下兵器，鑄為金人十二，他還更有損招，即是燒書，即是清剿人們的思想。那可就不只是矚目人的「身體語言」，更密切注釋人的「意識形態」了。清代晚期的洪秀全洪天王洪教主，就更是受了一種變態的「激情催化」，不特「經史詩書盡日燒，敢將孔孟橫稱妖」，他更恨不得將人的「腦髓」、「思想」抽空團聚起來，由其「嚴加看管」。他一方面燒書——要將人的思想「漂白」，另一方面又意欲將他莫名其妙的天王「詩文」塞進他人的腦袋，給天下人的思想「抹黑」。他寫了幾百篇這樣的詩歌、文章。今日讀來，更叫人啼笑皆非。如「人妖分別在真假，假些是妖真是人，假些極賤真極貴，假些該砍真該升。」「一個作校是妖魔，一個認真跟爺哥，天大福氣在遵旨，敬天敬主威風多，」又如「自今為媽不虔誠，大犯天條須奏明，為二怠慢也一樣，見病不理不饒情。」俱引自近代史資料叢書的〈天父詩〉。

讀這樣的詩，真是「大白天活見鬼」，談什麼「意境」、「格調」、「比興」，……那是自討沒趣。他的整部詩作五百首，沒有一首不是這樣的囈語、譫言、發燒者的怪話，神經錯亂的不經之談。唐德剛先生以為知識份子對其望望然而去的重要原因，即是「天王」的文字，「其荒誕固無待言，其鄙俚之辭，亦酸人骨髓——哪個張良、陳平、王安石……吃得消呢？」洪天王這個既無文采更無學問的土塾師，本來他自己對自己都是大有「信心危機」的，再加上為了他的「政治股票」的上漲，乃對自身未解決的心理問題「強行平倉」，結果「怪力亂神」變著法子來妖言惑眾，從佛、道、耶穌中亂摘辭彙和偶像，愚夫愚婦或有頂禮膜拜者，而這樣的胡來胡扯，哪個知識份子願意或者敢於向他「看齊」呢，所以能跑的都跑了。最可憐的是四凶專權時代，半吊子的野心文人肆虐華夏，沒誰有能力牽制其妄為，左道旁門猖獗，樣板戲類「文藝創作」獨尊，士類荼毒，宗社丘墟，只有極少數的智識者如馬思聰等僥倖跑開，其餘死的死傷的傷，無復人樣了。

瘋子的相貌及其造成的歷史

李秀成是悲壯劇情裏的主角，他讀書不多，但他那種知其不可為而為之的精神，也曾讓強敵低首下心。他是這樣一副面貌，不貪、不酸、不怪、不作態；淒婉茫然的神情透露著他的大義孤忠。在太平天國人物中，他是最後年月的擎天之柱，也最得後世推許。

洪秀全讀書，根本不通，大抵有神經障礙，或許正因他是一個不第的舉子，才有他那一段兒戲，漢高祖拿了儒冠當尿壺，是戰馬上得天下的人物，行為狠酷，洪秀全則是貪酷之外，還有難以忍受的酸氣。

石達開曾說：「作成了是了不得，作不成是不得了。」他的相貌並不具有親和力，但他有所擔當這一點，為他在後世贏得了好感。民初南社詩人偽造他的日記、舊詩，文采斐然，那就把他作了一個理想的化身了。他作為一悲劇英雄，在大渡河陷如絕境，他也就黃袍黃蓋慨然走入包圍圈，作漢子到底。

「英雄氣短，兒女情長。」男人們酒足飯飽之後，心思便全在美人身上。市井草民如是，帝王天子亦然，他們往往因貪戀美色而誤了錦繡前程。周幽王「烽火戲諸侯」，只是為了美人褒姒的「千金一笑」，終至國破身亡，為大戎所滅。唐太宗本來也還不錯，但遇到楊貴妃而翻船，他過不了這一關。落第秀才洪秀全打著「天王」的旗號，要為平民百姓打出個太平世界，但南京一稱王，他與歷代君王的區別，僅僅是把三宮六院七十二妃變成了四宮八院八十二妃。

袁世凱矮胖頑劣爲人卑鄙

袁世凱雖欲做皇帝，但他也頗為優柔寡斷，他一直用「予」而從來不敢用「朕」自稱，世人笑他，幹得不痛快，死得也不痛快。

袁世凱的長相，整體來看，是矮胖顢頇，一副愚頑不堪的樣子，他自己曾經給孫中山先生說，北洋軍人都是些老粗，蠻得很，這是不打自招。他本人就是粗人的典型。自然，表面的粗陋不影響他的他的心性的陰損灰暗。從他的面目來講，是口鼻粗疏，好像沒有發育完整的樣子，如果是雕塑，讓人想給他拿捏一下，以期變得合理一些；他的眼睛，不是太小，但很渾濁，明晰透露他混沌無靈的內心；面龐的肉路結構多橫生，說明其冥頑不化的心性，難以被任何忠言所扭轉或感化，這是很明顯的頑固的面相。

袁世凱為人卑鄙，由臨時大總統到正式大總統進而終身大總統。尚不滿足，當皇帝的心思又起來了。其子袁克定熱衷帝制。他雖然是個瘸子但野心勃勃。作為嫡長子，他認為父親稱帝後，「太子」非他莫屬，將來可以繼承帝位。當時雖然壓制得法，但反對帝制的聲浪尚高，即在銷量很大的《順天時報》也有不少反對帝制的輿論，袁克定自然十分憂懼，但此公餿主意也多，他竟然糾合一班人馬偽造了一份假的《順天時報》，版式報頭一模一樣，文章內容自然是皇上聖明之類。袁世凱真的信了。袁氏不願意和譚嗣同等變法人物共襄大舉，乃性情使然。他雖有對歷史上下其手的本事，臍帶卻連著帝王思想的脾臟；雖然「力能翻江倒海」，終於「性喜鼠竊狗偷」；時而「作威」，時而「作福」，本與變法或「異議」的價值選擇無關，乃生活習性而已。

戊戌變法前，譚嗣同夜訪袁世凱，策動他起兵勤王，後來袁告了密。

政變的導火線多謂由於袁世凱的告密。據袁自言，他於九月二十日下午返抵天津，僅向榮祿略述內情，並說皇上聖孝，實無他意，但有群小結黨煽惑，謀危宗社，罪實在下。「第二天即政變之日，始對榮祿備述詳細情形」。即使如此，二十日下午所談，已足以令榮祿明白一切，袁為自身利害，不僅不聽從新黨之議，冒此大險，且欲向對方邀功。

譚嗣同則是晚清時節國家民族的天生英俊，身材並不高岸，但是面容堅實，神色清爽，性情剛決，氣量如山。

項羽是個破釜沉舟的人，他失敗了，他就毫不猶豫的自殺。秦始皇帝遊會稽，渡浙江，梁與籍俱觀。籍曰：「彼可取而代也。」梁掩其口，曰：「毋妄言，族矣！」梁以此奇籍。籍長八尺餘，力能扛鼎，才氣過人，雖吳中子弟，皆已憚籍矣。太史公曰：吾聞之周生曰「舜目蓋重瞳子」，又聞項羽亦重瞳子。羽豈其苗裔邪？何興之暴也！夫秦失其政，陳涉首難，豪傑蜂起，相與並爭，不可勝數。然羽非有尺寸，乘勢起隴畝之中，三年，遂將五諸侯滅秦，分裂天下，而封王侯，政由羽出，號為「霸王」，位雖不終，近古以來未嘗有也，及羽背關懷楚，放逐義帝而自立，怨王侯叛己，難矣。自矜功伐，奮其私智而不師古。謂霸王之業，欲以力征經營天下。五年卒亡其國，身死東城，尚不覺寤而不自責，過矣。乃引「天亡我，非用兵之罪也」，豈不謬哉！

鱷魚的眼淚，比喻假慈悲，好像貓哭老鼠一樣。它的眼睛外努，呲牙咧嘴，頭部像放大無數倍的癩蛤蟆，加上它富有攻擊力的下巴肌肉，人見而惡之，所以韓愈要詛咒它「其率丑類徙於南海」。鱷魚的相貌是醜不可堪言的了。但較之人類，它是醜在明處。人中之鱷，那才真正可怖呢，道貌岸然者，也會借助鱷魚的眼淚，來禍害同類。他們外貌的偽裝性，令人防不勝防。

Chapter 4

門神與帝王的異相

舊時候，中國民間貼畫門神，風俗遍佈南北，門神的主角，是兩位分別叫做神荼、鬱壘的土神。他們兩個的相貌十分的怪異兇狠——這又是為什麼呢？門神本來是要保護大家的呀！原來古人相信，離奇的相貌和淳樸的心地、神奇的稟性及不凡的本領相結合。門神的相貌儘管猙獰，但是對人的生存有保證，他們具有捉鬼擒魔的本分，也有這種天性。民間風行的捉鬼天師鍾馗，即是此種形相。

陳後主陳叔寶害怕隋文帝楊堅。而隋文帝也是異相之人，《資治通鑑》卷一七五：十一月，（陳後主陳叔寶）遣散騎常侍周墳、通直散騎常侍袁彥聘於隋。帝聞隋主（楊堅）狀貌異人，使彥畫像而歸。帝見，大駭曰：「吾不欲見此人！」亟命屏之。陳叔寶最後為楊堅的部隊所俘虜，當了亡國奴。這個南北朝時陳朝的軟蛋皇帝，其實早就因楊堅的相貌而引發恐懼。怎麼回事情呢？《隋書》卷一〈文帝紀〉：皇妣呂氏，以大統七年六月癸丑夜，生高祖於馮翊般若寺，紫氣充庭。有尼來自河東，謂皇妣曰：「此兒所從來甚異，不可於俗間處之。」尼將高祖舍於別館，躬自撫養。皇妣嘗抱高祖，忽見頭上角出，遍體鱗起。皇妣大駭，墜高於地。尼自外入見曰：「已驚我兒，致令晚得天下。」「為人龍頷，額上有五柱入頂，目光外射，有文在手曰『王』。長上短下，沉深嚴重。」

異相異事，愚民

可見，楊堅的相貌之奇異有幾方面：一是額頭外突，並有五個隆起的筋肉從額頭直插到頭頂上。二是下頜曲裏拐彎。三是眼光外射，很不安分。四是掌中紋路形成一個「王」字。總的來說是上身長，下身短。他這副尊容，方出生之際就把他的媽媽呂氏大大地嚇著了。頭上角起，更是奇形怪狀。帝王的心性，總是要占社會的先機，今人以為奇醜，在那時卻變異出多少說辭來，相書上以為大富大貴。筋肉從額頭跑到頭蓋骨，形成肉柱子，反而成了龍顏的象徵，所謂「帝王之表」。他們有了那個心，有了那個力，玩弄了社會並征服了其他的社會勢力，於是相貌的種種醜陋之處，也成了全國人民頂禮膜拜的對像了。其愚民一至於此。

舊時選拔人物衡量相貌

隋唐時期以科舉制度選拔官吏，在此以前選拔官吏的辦法是察舉。兩漢至魏晉南朝，察舉之法，有它的根據，那就是，第一條識鑒，第二條門閥，第三條名望。識鑒是什麼呢？實際上就是從人的相面來初步衡量其才識氣質。魏晉南北朝時期，品藻人物成一時風氣，有「月旦評」一說。既評說歷史人物，也著眼當下。論曹操：「子清平之奸賊，亂世之英雄也」。評孔融「孔文舉金性太多，木性不足，背陰向陽，雄倬孤立。」

三國時候的魏國官員劉邵，學識駁雜。他擅長觀察人物體性。著《人物志》一書，探討選拔人才的方方面面。《人物志》云：「品人物則由形所顯觀心所蘊。人物之本出於情性。情性之理玄而難察。然人稟陰陽以立性，體五行而著形。苟有形質，猶可即而求之。故識鑒人倫，相其外而知其中，察其章以推其微。就人之形容聲色情味而知其才性。」著眼在人的性情、才能、形象、氣質等方面。

春秋時代，有許多大夫，僅憑觀察一個人的言行舉止，就能推測其人的吉凶禍福，並且非常的準確，這種事在《左傳》，《國語》諸書裏，都有許多記載。

一般來說，一個人的吉凶徵兆，發源於人的內心，而表現於人之外表。凡是相貌仁慈厚，行事穩重之人，大都能獲福。相呈刻薄，行為輕佻者，大都近禍。絕對沒有所謂吉凶未定，渺不可測的道理。古人對相貌，有很固執的第一印象。古刻本不睡居士著《枕上晨鐘》寫一個叫做刁仁的江湖之士，容貌有異，「蛇頭鼠目，面似橘皮，鷹嘴鼻，連腮胡，滿面兇惡不好看，開口軟淡甘如蜜。」，又寫他的妻子，也不像良家體格。這樣的容貌，古人以為是損人利己，奸盜詐偽那一型的。擅長陰布牢籠，陽施諂媚。古人給他們定位：謂他狼虎而不足，加之蛇蠍則有餘。

五形面相是個筐

《麻衣相法》中，有關外貌的五種形象，此就大致而言是這樣的，因其為相當概念的分類法，它就像一個籮筐，或裝入東西，或取出東西，不斷的增加經驗，形成更接近真實的判斷。

金形人　輕小而尖，方而正，形短謂之不足，內堅謂之有餘。他們是骨堅肉實，缺點是形貌局促不舒展。

木形人　昂藏而瘦，挺直而長。露節，頭隆而額聳。他們儀態軒昂挺拔；缺點是瘦弱意志不堅。

水形人　起而肥，闊而厚，形附而朝下，其形真也。他們臉形圓滿，眉眼粗大。缺點是肉多臃腫，不輔枝幹。

火形人　上尖而下闊，上銳下豐。其性躁急騰上，色赤，火形之真也。額窄頷寬，性情急噪。缺點是五官太露，不善形象思維。

土形人　肥大敦厚，背高皮實，項短頭圓，聲洪，骨肉全實。這類人較壯實，五官大，儀態安詳，城府深刻。缺點是才智平平，情感淡漠，待人尚算寬厚。

當然，相書上就典型而言，大千世界，事實上是兼形人多，即兼有五種形狀的兩種或多種混合，但古人以為，為純形者命較佳。兼形如果兼到彼此相生相輔，則吉；反之，則否。

中國相面之術後來分作二途，一曰「江湖派」，二曰「文士派」。文士派承襲了古人識鑒之法，近代以曾國藩為其集大成者。國學家南懷瑾先生，在其《論語別裁》一書中寫道：「有人說，清代中興名臣曾國藩有十三套學問，流傳下來的只有一套——《曾國藩家書》。其實傳下來有的兩套，另一套是曾國藩看相的學問——《冰鑒》這一部書。」

與江湖派的重感性、走偏門不同，曾國藩《冰鑒》一書，基本上是以陰陽五行理論為其理論根據的。《清史稿》上記述曾國藩的相貌，「國藩為人威重，美鬚髯，目三角有棱。每對客，注視移時不語，見者悚然。退則記其優劣，無或爽者。」

解析曾國藩的相人術

曾國藩相術口訣：

一

邪正看眼鼻
真假看嘴唇
功名看氣概
富貴看精神
主意看指爪

風波看腳筋
若要看條理
全在語言中

二

端莊厚重是貴相
謙卑含容是貴相
事有歸著是富相
心存濟物是富相

——這是他的相學的總論。一般後世對他的《曾國藩家書》推崇得不得了。其實他的相學名著《冰鑒》，自生活精心觀察，又以他的碩學鴻才加以勾兌，講究從動態中把握人的精神，兼具感性和理性，也有相當的辯證法道理在裏頭。曾國藩論相，茲撮要簡介。首先論神骨，他以為，「一身精神，具乎兩目。一身骨相，具乎面目。」

麻衣相法的五種基本面形

凱西爾的《人論》以為，人是一種符號的動物。不錯，人既是創造個種符號以記事述理，同時，人本身也是一種符號。就形的角度講，符號就是相貌，也即是生命的外在表徵。所以，相貌是一種生命符號。曾國藩講面目體現全身的資訊，而眼睛是一切的焦點。

關於面目的顏色，他說：「面以青為貴，紫次之，白斯下矣。」這是顏色，這在美術上是屬於冷色調的範圍，冷則沉穩，冷則不跳，冷則不浮。

至於頭骨的骨相，「頭上無惡骨，面佳不如頭佳」，頭腦是思維的載體，由此來分別貴賤。這是面相的延伸，也是大處著眼。古相書《截相法》說：「好頭不如好面，好面不如好身。」似乎和他的意思相反，意在強調身材，這較符合今天的女性時尚。但曾國藩時代，還更看重頭、面。

面相體現出來的剛柔氣息怎麼樣呢？曾國藩說：「喜高怒重，過目輒忘，近粗；伏亦不伉，跳亦不揚，近蠢；初念甚淺，轉念甚深，近奸。」這是不及常情，或大過常情。都屬於問題面相。

曾國藩強調面龐和身體的關係，兩者相顧盼，相勻稱，也即是和諧，那麼，就具備基本的福氣了。如果結構乖離，那就是下相。這實際是在強調整體感。所以他說：「容貌貴整，短不豕蹲，長不茅立，肥不熊餐，瘦不寒鵲，所謂整也。五短多貴，兩大不揚，負重高官，鼠行好利。」這是說，整體應是和諧有致，矮到像豬一樣蹲著，高得像茅草一樣搖擺，胖到吃食的熊一樣臃腫，瘦到像驚霜的寒鵲一樣，都是明顯的不和諧，即不「整」，這些都是先天的不足。大致情形之外，要注意區別異相，那就是「貌有清、奇、古、秀之別。」是指精神的清雅，樸茂，奇偉，秀美等等。這和一般的端莊又不同一些，這更多體現在精神的層面。關於面目上重要的部位：「目不深則不清，鼻不高則不靈，口闊而方鍾千祿，齒多而圓不家食。」這是佳相的基本條件。

曾國藩的精彩論述

容貌者，骨之餘；常佐骨之不足。情態者，神之餘；常佐神之不足。久注觀人精神，乍見觀人情態。大家舉止，羞澀亦佳。小兒行藏，跳叫愈失。大旨亦辨清濁，細處兼論取捨。

人有弱態；有狂態；有疏懶態。有周旋態。飛鳥依人，情致婉轉，此弱態也。不衫不履，旁若無人，此狂態也。坐止自如，問答隨意，此懶態也。飾其中機，不苟言笑，察言觀色，趨吉避凶，此周旋態也。皆根其情，不由矯枉。弱而不媚；狂而不嘩；疏懶而真誠，周旋而健舉；皆能成器。反此，敗類也。大概亦得二三矣。

前者恒態，又有時態。方有對談，神忽他往；眾方稱言，此獨冷笑；深險難近，不足與論情。言不必當，極口稱是，未交此人，故意詆毀；卑庸可恥，不足與論事。漫無可否，臨事遲迴；不甚關情，亦為墮淚；婦人之仁，不足與談心。三者不必定人終身。反此以求，可以交天下士。

鬚眉男子，未有鬚眉不具，可稱男子者。「少年兩道眉，臨老一林鬚。」此言眉主早成，鬚主晚運也。然而紫而無鬚自貴，暴腮缺鬚亦榮。郭令公半部不全，霍驃驍一副寡臉。此等間逢。畢竟有鬚眉者，十之九也。

眉尚彩，彩者，杪處反光也。貴人有三層彩，有一二層者。所謂「文明氣像」，宜疏爽不宜凝滯。一望有乘風翔舞之勢，上也。如潑墨者最下。倒豎者上也；下垂者最下，長有起伏，短有神氣；濃忌浮光，淡忌枯索；如劍者掌兵權，如帚者赴法場。個中亦有徵範，不可不辨。他如壓眼不利，散亂多憂，細而帶媚，粗而無文，最是下乘。

鬚有多寡，取其與眉相稱。多者宜清、宜疏、宜縮、宜參差不齊。少者宜光、宜健、宜圓、宜有情照顧。捲如螺紋，聰明豁達；長如解索，風流榮顯；勁如張戟，位高權重；亮若銀條，早登廊廟；皆官途大器。紫鬚劍眉，聲音洪壯；蓬然虬亂，嘗見耳後；配以神骨清奇；不千里封侯，亦十年拜相。

聲與音不同。聲主「張」，尋發處見；音主「斂」，尋歇處見。辨聲之法，必辨喜怒哀樂；喜如折竹當風；怒如陰雷起地；哀如石擊薄冰；樂如雪舞風前，大概以「清」為主。聲雄者，如鐘則貴，如鑼則賤。聲雌者，如雉鳴則貴，如蛙鳴則賤。遠聽聲雄，近聽悠揚，起若乘風，止如拍琴，上上。「大言不張唇，細言若無齒」上也。出而不返，荒郊牛鳴；急而不達，深夜鼠嚼；或字句相聯，喋喋利口；或齒喉隔斷，喈喈混談；市井之夫，何足比較？

音者，聲之餘也。與聲相去不遠，此則從細處曲中見。貧賤者有聲無音，尖巧者有音無聲，所謂「禽無聲，獸無音」是也。閒談多含情，話終多餘響，不惟雅人，兼稱國士。

相人專家被欺騙

曾國藩著有《冰鑒》一書。無疑他是相學專家。只要不走如麻衣相法的魔道，結合人的言行，用冷靜的頭腦觀察，那麼考察一個人的大概，也不是不可能的。這叫做「視其所以，觀其所由，察其所安。」但張恨水先生有一篇筆記文字，就是寫曾國藩自信能相人、卻掉以輕心的故事：曾國藩住安慶時，月夜出遊，深谷無人，曲徑通幽，遙聞叮令之聲。隨聲往，則竹籬茅舍中，藏書滿架，一文士依幾彈琴。與之語，鑄造經熔史，儼然一大儒。曾國藩問何不出為蒼生？文士笑而不答。曾乃強邀之出，款為上賓。不數日，騙數千金而去。

還有辜鴻銘《張文襄幕府紀聞》卷上，記述他對曾國藩的看法，大節方面固贊之，而對其治世的細節也有不滿意的地方。或問：「於何處可以見曾文正陋處？」餘曰：「看南京制台衙門規模之笨拙，工料之粗率，大而無當，即可知曾文正公之陋處也。」

曾氏對人的相貌研究鞭辟入裏，自成系統，而其對衙門的「外貌」卻不甚在意，這也是一種顧此失彼的疏漏，所以辜鴻銘就在這些細節上挑他的刺了。想來建築的外在就是它的外貌，粗率笨拙，也會影響到人的精神風貌呢。

這個故事放大來看，則在世事中常見，也極有醒世價值。比看「相」要深一層的是看「心」，然而，談何容易。這就是怪事，譬如清代大詞人納蘭性德，他的風度，是何等的淒清深究，彷彿神行於空，為人是那樣的正派律己。可是他的爸爸明珠，卻是清代有名的大貪官大權奸，貪賄作惡的程度僅次於和珅。他卻養育了納蘭這樣一個小孩，真要叫人大跌眼鏡。

形體各部位乃相貌的外延，頭部、高矮、臀部、手指

形體各部位乃相貌的外延。

頭部和大腦

民國時期的大軍事家蔣百里先生，教育他幼年的孩子，很推崇巴爾扎克，說他的腦袋很大，腦力特別的發達；這是常態。也有頭大而其蠢如豬的，那是因為「皮厚餡少」（腦髓容量小）。中世紀的西方物理學家相信巫婆通常是老年婦女，性情憂鬱，大腦很小，這樣的人很容易消沉，對上帝的信心不足，所以魔鬼拿幻影來打動欺騙她們，往往輕易得逞。她們也每每大惑不解，連根本沒有做過的事情也承認了。頭部也是相貌的重要組成，

頭部與身體不成比例，太小或太大，都會偏離到醜陋的歧路上去。大腦太小，與智慧無緣，其本性就更接近動物，在世道中接觸，令人受到雙重醜陋的折磨。

身體的高矮

過高或過矮，都會在相貌的平均值上增加負數，另外，細瘦如竹竿或臃腫如水桶，都與人類審美的選擇背離。

臀部

心理學的研究證明，女人的臀部對男人而言具有性信號的特徵。據信觀察女人的臀部，可以測算女人的生殖能力。比較奇怪的是，清代以尺牘著名的《秋水軒尺牘》的作者許葭村，他一面哀歎北方女人臀部過大，一面又埋怨她們粗疏不夠他養育後代的條件，所以審美一事，在個體的眼光下，實在是很難將就的。

手指

參考消息轉述德國科學家的發現，手指和相貌的吸引力有著密切的聯繫；越對稱的臉越有吸引力，手指則與面容的美醜成正比。一般因為激素的關係，男性的無名指都超過食指的長度，而女性則相反。手指的長度和渾厚或乾枯，也關係到吸引力的大小。

還有上身太長，腿部較短；女性胸部平坦、男性背部佝僂等等，都造成相貌的失分。在現當代的化裝術，也都前進到顧及全身的地步，用服裝、墊肩、整容、義臀、義乳……來補救的比比皆是。種種補救方式可以使審美的憂愁淡化一時，但真相一旦揭開，給對方造成的失望，也將是毀滅性的。時尚是一種刺激，設計師美容師儘管絞盡腦汁的運作，但他們無論怎樣努力，也無法改變自然的約定、造化的安排。補救或外飾的美，可遠觀，難以近賞；可短期，難以長久。

相由心生

有一則軼事說，林肯當選美國總統，當時幕僚建議一件人事案，總統當下否定。幕僚不解總統的決定，林肯便回答：「一個人到了四十歲，要為自己的面相負責。」這則小故事，寓含深遠的道理。另外，林肯愛恨分明，他不喜歡的長相，他便拒絕交往，絕不苟且，也絕不彎曲。

所謂「相由心生」，一個人的面貌，與內心世界是兩面一體的關係；心理活動可以在潛移默化中改變人的相貌。

「入門休問榮枯事，觀看容顏便得知。」「問貴在五官，問富在六府。」舊時候的相學自有它一定的道理，以陰陽、五行之刑沖會合相生相剋定大局。相法最高境界是以形、神、意、氣四個階段來論，缺一不可，精確程度達到百分之七十以上。

在熟識的人當中，個人的行為會加深他人對外貌的印象。十九世紀的法國名女作家喬治桑，在她的熟人看來，外貌氣質就是「一隻盛滿墨水的大母牛」。什麼原因呢？她的創作力相當的旺盛，她可以同時寫作兩部小說，在創作期間，她也不耽誤談情說愛，還不會少抽一口香煙。她剛剛結婚就和鄰居偷情，精力充沛，生活放蕩，她跟當時的大藝術家蕭邦、福樓拜、繆塞等都有緋聞。

十八世紀的英國旅行家赫斯特夫人，對占星術大有興趣，她多年的積累，令她可以根據人體構造來預測人的性格和能力；她認為性格資訊是從臉部特徵、頭部、身體和四肢的形狀得來。

凱薩琳有許多作品，也都是赤裸裸地探討人性的故事。小說《雅各是我所愛的》描繪一個苦澀的青春故事，關於一對異卵雙生姐妹成長經歷，相貌在這裏起作用了——從小生長在小漁村保守的基督教家庭，妹妹多才多藝、美麗大方又善解人意；相貌平庸的姐姐則是全書靈魂人物，自幼就活在妹妹的陰影之下，養成孤僻善妒、暴躁易怒的個性。熟稔經文的老祖母，卻活像個老巫婆，經常引用「我愛雅各，惡以掃」這類經文，冷嘲熱諷，一句句像利刃般砍得孫女遍體鱗傷。後來，竟連青梅竹馬和她一起捉螃蟹長大的鄰居男孩，也娶了妹妹為妻，女主角的世界幾乎崩潰。她想逃離這個家，她自我棄絕，甚至責怪掌控她命運的神，最後，乾脆連教會和主日學也拒上了。

滑稽的角色轉變——他人眼中的心理相貌

不論長得如何都要受到的調侃：

美國資深參議員米契・麥康諾，前些年進醫院做心臟血管繞道手術。引起了夜晚娛樂節目The Tonight Show的主持人Jay Leno說了一個笑話，他說：「共和黨議員在接任重任之前，都要進醫院做心臟手術，給他一顆心。」過去娛樂節目說這樣的笑話，大家一笑了之，但是這一天，台下噓聲四起，大異從前。於是主持人再說下去：「這和民主黨一樣，他們在擔負重任前，要做手術裝一個腦子。」大家才釋然的的齊聲大笑起來。

這是因為他們對人性不信任，不抱淺薄的信心，因而要有政黨輪替，要有在野黨的虎視眈眈和輿論的監督等措施。民眾或輿論界對政治人物有一種心理臉譜，那就是不管他們實際長的如何，他們在觀眾心中自有一種潛伏的固執的形象。或與實際形象有相當大的出入，但不影響他們的看法。此謂之心理臉譜。法國總統希拉克，雖然不是很英俊的人物，但也不是零落遲暮的衰像，可是，當二零零三年春天，他因為明確表示反對美國打擊伊拉克，惹火了美國媒體，報紙資深評論家意味深長的回憶當年諾曼地登陸，美國為法國作出了重大犧牲，然而，今天需要法國的時候，他們卻做了縮頭烏龜。華爾街日報更將希拉克之神態形容為「咆哮的老鼠」，用這個形象來指代其懦弱、忘恩負義和狡猾。那一段時間，在全美朝野沸沸揚揚討論進攻伊拉克問題，美國媒體對兩個反對攻擊伊拉克的國家——德國和法國——抨擊得非常厲害。《紐約郵報》某天的封面上，登了一幅聯合國成員國開會的照片，其中法德兩國代表的頭顱。被換成黃鼠狼的頭，德國人一般被畫成個笨笨的、大腹便便拿著啤酒杯傻笑的禿頭老漢，儘管傻了點，但是並不惹人討厭。而法國人，則被漫畫家們醜化成一個尖嘴猴腮、獐頭鼠目、鬼鬼祟祟的小人。那副形象，分明寫者自私、狹小、怯懦、狡猾、不負責，以及不懂裝懂。堅定的一方對觀點不同的「戰友」的怒火遠勝於對敵人的仇恨。如果在道義等原則上發生衝突，則導致越來越看不順眼，長的未必如此，而在他人心中，卻未必不如此。

《儒林外史》第三回胡屠戶先是呵斥女婿范進「也該撒尿自照」，等到小范科考有成，他馬上讚譽「小婿這等相貌」。社會的勢力，人性本身的可悲為市儈的標準所左右，相貌的好惡竟發生如此大的差異，這是心理相貌品評的典型例子了。心理相貌有時是社會的悲哀，有時是人心想當然的習慣情理。

賈寶玉雖然應世的能力很低，甚至根本為零，但他愛美的心理一樣強烈。不過，其選擇性大過普通人的想像。而且，他老兄對女性相貌的感覺頑固地和她們的性情、人生觀緊密結合在一起，如果話不中聽，拂逆了他的本意，那麼，即便閣下傾城傾國、風姿絕秀，那也不入他的法眼，因此他對相貌的衡量，是以他的主觀心理為第一標準的。《紅樓夢》第三十二回有一段湘雲和寶玉的對話，湘雲勸寶玉：「如今大了，你就不願讀書去考舉人、進士的，也該常常的會會這些為官做宰的人們，談談講講些仕途經濟的學問，也好將來應酬世務……」寶玉聽了，馬上對湘雲下逐客令：「姑娘請別的姊妹屋裏坐坐，我這裏仔細污了你知經濟學問的。」一旁的襲人連忙舉前例為證，說寶釵也曾如此勸過寶玉，寶玉又如何給寶釵難堪，又說：「幸而是寶姑娘，那要是林姑娘，不知又鬧到怎麼樣、哭得怎麼樣呢！」襲人拿寶釵和黛玉相比，並且稱讚寶釵「有涵養、心地寬大」，可是寶玉對「仕途經濟」打從心底的深惡痛絕，所以寶釵和湘雲這種被世俗所認為是女性應有的美德與言行，在寶玉的觀念裏不但一文不值，更成了他眼裏的「國賊祿鬼之流」。也正因為黛玉從來不提這些「混帳話」，所以黛玉在寶玉心目中的地位始終無人可比。

相貌不能移植

少女相貌越長越像是因為「相貌移植」？本來就像還是移值來的？某報記者約了周女孩，週末踏進楠女孩的家。一進門，周女孩便指著臉頰打趣：「楠女孩呀，你看看，以前我從不長痘痘，現在連位置都和你的一樣啦。」在上海幾對「越長越像」的骨髓移植供、患者中，這兩位女孩是年齡相差最小的同性，因而「相貌」最具可比性。無巧不成緣。幾年前，周女孩被確診為白血病，在與父母、哥哥骨髓配型失敗之後，竟然與僅十萬分之一概率的陌生人楠女孩配型成功了。也許本來長得像？接受骨髓移植的周女孩，拿出幾張術前的照片讓記者對照，難怪說像——長臉已經變圓臉。再看楠女孩，天生一張圓圓臉。

關於此事情，記者詢問復旦大學遺傳學專家，該人認為，相貌移植絕無可能。什麼基因導致什麼變化，相貌與骨髓移植，風馬牛不相及。專家以為，雖然說人的相貌具體由什麼遺傳基因決定的，遺傳學還未完全弄清楚，但可以肯定的是，相貌受遺傳背景控制，涉及到皮膚、骨骼、毛髮等上百種細胞類型及其空間結構，是個相當複雜的多基因性狀。而骨髓移植，主要為了將造血幹細胞輸給患者，以重建造血功能，這些都只能在血液中表達，怎麼可能改變相貌呢？實在難以想像這個通道怎麼建立。那麼，對於上述病人的例子，該如何解釋？專家認為也許是巧合，也許根本就是心理假象。

《巴黎聖母院》：相貌與心地，人物外貌的符號作用

在《巴黎聖母院》中，雨果用他那奇崛的文筆講述了中世紀黑暗時代的悲劇性故事：吉卜賽跳舞女郎愛斯美臘達美麗迷人，她來到了巴黎，引發了一場震撼人心的軒然大波。道貌岸然的偽君子副主教堂克洛德企圖利用邪惡的手段得到她，而姑娘卻心儀年輕的御前侍衛隊長孚比斯。在孚比斯和愛斯美臘達的幽會中，克洛德跟蹤，見衛隊長和姑娘擁抱，妒火中燒，竟出匕首而刺殺之，衛隊長死，殺手逍遙法外，而美人愛斯美臘達卻被教會法庭送上絞刑台。不料，相貌極其醜陋的巴黎聖母院敲鐘人卡席莫多從行刑隊救出這美女，藏在具有避難權的巴黎聖母院。這個文學人物中最醜的人，潛心照顧愛斯美臘達的飲食起居，這時，克洛德仍在打美女的主意，但姑娘甯死不從，難以得手，克洛德勾結司法機關大理寺破

壞聖殿避難權，最終把可憐的吉卜賽女郎送上絞刑台處以極刑。深愛著愛斯美臘達的卡席莫多怒不可遏，將克洛德從聖母院鐘樓高處推下，彷彿一塊脫落了的瓦片，墜落兩百多尺重重摔死。大約兩年以後，人們在鷹山地穴犯人墓地中發現了卡席莫多和愛斯美臘達摟抱著的的骷髏。在這個故事中，美貌是所有情節推動的原動力，女郎則是不由自主的發動機，他們愛得瘋狂癡迷、靈魂騷動如海上波濤，正義和邪惡糾纏純潔和淫邪並存，各式樣的愛情鮮血斑爛。隨著各種情慾的顯現，各種式樣的相貌也隨機凸顯出來：主教是陰沈陰森陰險陰損，他虛偽應世的帷幕強擊機一樣打擊他的心靈，歷年積累，他的相貌已經是「庭院深深深幾許」了，世故不通如少不更事者，當見而畏懼之；衛隊長外表英俊，實則金玉其外，敗絮其中，粗鄙齷齪，吉卜賽女郎面容深情純正，線條柔和而分明，具有極完美的比例，所以主教一見之下要犯罪，撞鐘人看見她的第一眼，就已經把生命交在了她的手裏，甘願隨時為之獻出一切；聖母院敲鐘人則又駝、又瞎、又跛、又聾，為並世罕見的醜八怪，但他卻有正大的奉獻之誠，和道德淪喪的衛道士形成對立的兩極。他曾經在夜裏高唱著一支憂傷的古歌謠：「……唉，說這些有什麼用！難看的人原不該出生，美貌只能愛美貌，陽春不理睬寒冬……」美女和野獸的愛情，若是相對於才子佳人的愛情故事，那就是一種不對稱的愛情，反差特別的大，吉卜賽女郎被絞死後，敲鐘人得遂所願，但他懷抱的只能是一具乾冷的枯骨。這裏就有對愛的變形荒誕的感動，也自有震撼人心的超凡脫俗。雨果的筆墨，同時也揭示，心地與相貌，往往是相反的呈現方式。

某類女人說話多於思考，嘮叨多於做事，無聊多於涵養，喜歡蜚短流長。而阿拉伯的諺語說：「兩個女人的閒言碎語可以毀壞一棟大樓。」其推理能力相當的貧弱，也無法理解辦事要靠原則。其所說也缺乏連貫性，這種劣根性或可稱為「邏輯白癡」。這類女人有天使一樣的外表，蛇一樣的心腸，驢一樣的頭腦。她們或要到死後才長智齒。

英國當代小說家喬伊絲・卡里《馬嘴》第八章有謂「撒娜可以一面與人通姦，一面為自己所犯的罪過哭泣；並同時享受這兩種工作的快樂感覺。」

女人不論漂亮與否，一般而言沒有哪個愛丈夫的婦女會希望篡奪他的權力，但是那些有本能到錯或者具有發性別的虛榮心難以滿足的婦女，就會執迷於政治權力，並力圖從他人手中多之，不論這人對她有多親密。

民國相書撮要——女人的惡相、淫相還有善相

民國時期的相書對女人的鑒定，撮錄於此，加以解析，聊供讀者參考。

相女人八字秘訣

敬　見可敬者，貴壽而多男也。（有威、有媚、有態，精神端肅，聲音和諧，坐視平正，得純相之氣故也。）

重　見可重者，貞潔而福澤也。（精神肅穆，舉止端莊，腰員背厚，面方胸闊，聲清重頤，言語溫柔，雅淡肅然，有不可犯者）

喜　見可喜者，邪蕩而易誘也。（多風流媚態，令人有所思也。）

輕　見可輕者，貧薄而賤妖也。（行若蛇，坐若斜，語癡，笑意情奢。）

畏　見可畏者，剛強而欺心也。（聲殺面橫，額闊顴高，雀步蛇眼，似男子氣像。）

恐　見可恐者，刑克而惡極也。（三顴者丈夫聲，蜂目狼顴。）

惡　見可惡者，醜、陋、怪、臭、硬也。（醜者，蠅面龜胸，唇抓齒露，眼白多，鼻孔仰；行如走奔，聲破，此之謂醜也。陋者擺手搖頭，咬指斜行，仰面偏顴，衣不稱體，此之謂陋也。）怪者，顴高眼深•發短指齊，目凹唇須；臭者身臭口臭，陰臭狐臭也。硬者，骨硬、心腸硬、聲音硬，此必男轉女身。）

駭　見可駭者，螺紋鼓角脈也。（螺者陰戶內旋，有物如螺；紋者，竅小實女也；鼓者，無竅如鼓；角者，陰內有物如角；則陰挺挺也。）

相女人凶相淫相歌——

大凡淫婦之相，每於舉動行為，言語飲食之間，總有一番矯操造作處，是為淫婦無疑。

女人捲髮不相宜，行路昂頭一字眉；鼻節顴高唇又展，刑夫三兩又刑兒。

桃花滿面眼流光，手搖搖頭軟腰妝；剔牙啄齒提衣領，側倚門前任四方。

雀步蛇行狗蚤跳，一行一步把頭搖；路上行人忙掩面，與人私約度良宵。

天庭窄狹髮侵眉，頭角粗黃口角垂；眼下肉堆無肉起，貧窮一世又無兒。
女子仰面更昂頭，口鼻生鬚不自由；髮垂眉粗腰又弱，隨軍隨賊走他州。
低頭含笑是娼淫，手掠眉頭又看身；坐上頻搖低唱曲，偷情男子作夫親。
赤日黃睛為育優，胸高額凸皺眉頭；口如吹火牙如炭，一世孤伶一世愁。
人中平坦子難成，況雙龍宮有破坑；眉粗殺重唇色暗，深眼凸額養難成。
手指如錘節又疏，乳頭不黑受奔波；臀重無腰行步急，不為娼婦亦姨婆。
口小齒細眼微微，足動頤搖聲又嘶；斜視頻嗤鼻孔依，貪淫好色老須為。
面無華色聲又破，顴高髮重夫先過；縱有兒生恐未真，性情堅硬急中錯。

女人惡相淫相——

顴露骨而太高，結喉露齒；蓬頭亂髮，蛇行鼠步；眉連髮粗，鼻上生節；勾鼻露孔目露四白；額上有紋，雞胸狗肚；眼筋多纏睛，雄聲焦烈；生鬚生痣，下唇過上唇，上唇大厚；斜倚門前、側目窺人；未講先笑，行走頭嫋，整衣弄鬢，停針皺眉；搖身唱曲，髮黃無眉，而多斑痣，有眉無威。

人中平滿，眼下肉枯；龍宮衝破，口如吹火；女生男相，眼深骨粗；唇黑口大。無牙額凸；面黑聲洪，兩眉豎起，見人則笑；鷹視狼顧，羊飧雀步；舌急口快，面色青烏；眉棱骨現，陰沈不聲；作事乖張，行坐若思；頭垂暗點，聲焦眼斜，聲急眼酷。

眼光如豔，面帶桃花，面光如油，口大無收什；陰戶毛如草，陰戶硬無肉；面滑身澀，喜怒無常；一搖三擺，盼前顧後；坐立不定，夢中多驚，皆淫惡之相也。

女人善相兼有德——

頭圓額平，骨細皮滑，唇紅齒白，髮香髮軟髮幼；眼長眉秀，指尖掌厚紋細密，聲清寡言笑；行緩而正。坐臥端靜，神清氣和；豐碩重頤，背圓腰平，腹垂胸闊肩圓，面如滿月；乳大不垂，臍深有托，身白過面；齒大而齊，鬢薄烏潤，骨肉勻稱，身上馨香。

忽略相貌觀察的悲劇

新四軍負責人項英的被害就跟忽略相貌的觀察有關，事後他的戰友都對他選擇劉某人當他的警衛員頗有微詞，歎息中是相當的遺憾。王徵明回憶當年耒陽游擊隊整訓的情景時說：「劉厚總是堅持耒陽地區三年游擊戰爭的負責人，當地人多知其名。有一次我們進城宣傳抗日，劉同往。耒陽人聞聽劉厚總來了，便紛紛圍著他看。劉身高約一米七五，膀大腰粗，相貌甚醜，面孔奇黑，鼠目黃牙，對黨的抗日民族統一戰線政策，思想上有抵觸。他手下一個排長暗中活動，對抗集中整編北上抗日。」

以項英的地位來講，他有足夠的條件從戰士中挑選警衛，較優秀的相貌是，一個人的精神清秀，如桂林一枝，昆山片玉，如珠藏淵，如玉隱石，起碼也要有點英偉之氣。然而項英過於天真，只注意劉氏的槍法好，孔武有力，忽略了基本的觀人之法，結果死於非命，可惜可惜。

男女相貌與惡性情的勾畫

女人惡相貌的表現類型——

嘴尖皮厚型

此類人小腦發達，大腦發育及遺傳不足，常常做出荒唐的事體。加之「見識短」的先天決定，他們就更加的眼光如豆了。善在小事上糾纏不休，大約多代遺傳均不得高貴美善的因素，所以她們是粗野而庸俗，即在社會交往中想要加以掩飾，但卻處處露出馬腳。她們對爆發戶式的生活有極大的興趣和企求。她們往往是火形的下相，嘴唇突出而尖，尖而硬，乃相書說的「偷食之人」，氣濁聲破，志大才疏，眉毛粗陋野獷逆亂，蹦跳不順，全無秀氣，這是凶頑之徵——當然，在現實中，她們早已實施修飾、多所掩蓋。古人謂之貧賤之相。在當代，她們因世事逆反的機緣，或已脫貧，但精神層面的低賤則永無法改變，且居心不良，於異性有害。

眼光游移型

此類人雖是百分之百的雌性，但其性格往往不甘雌伏，有經驗的人一見這遊移的眼光——好像荷葉上的水珠，也就自然生發退避三舍的想頭。她們的眉毛或許秀長，然而眼光遊移不定，大加抵消，即明確透露，她們永遠都在尋找，但也永遠都「在路上」，她們有一顆永無饜足的心，對金錢有特殊的敏感，是金錢萬能的信奉者。滿足一詞在其字典中都未曾有。她們的獵物往往是愣頭青和冤大頭。

全無心肝型

此類人面目或較俊俏，但近觀則見其掩飾不住的愚蠢。眼耳鼻舌，一舉一動，都是討嫌而已。她們變起心來很快，但也許根本就沒有心——心只是一堆肉，久之自然變餿。言而無信在她們是家常便飯，俗話說，男兒無信，鈍鐵無鋼；女子無信，亂草蔓秧。與其談感情，等於和死人談徒步長征。她們是水形中的下相，搬弄是非奸詐，心地枯暗。

死氣沉沉型

這種人面目或較漂亮，不知者往往為其所嚇倒，而且身高也不低，用新新人類的話語來說，叫做「有型」，這一類人的最大特徵是全無同情心，外表的漂亮掩不住形骨孤寒的實質。自私自利而不輕易表露，深於城府，關鍵時刻全不顧廉恥。但她們多有矛盾的心理，自己和自己的思想打架，所以，她們老得很快。她們的心理是交媾等於戀愛，甚者用小恩小惠拉攏意志薄弱的男性，實際上是其獸性的發作而已。這類人是木形中的下相，險刻詐薄，或有祿位，實是行屍走肉。

男人惡相貌的表現類型——

滿臉橫肉型

此類人遺傳的野性所占比重很大，智商偏低，文革中打人殺人者，多藉這類人的手。在動盪的歷史年月裏面，他們出盡了風頭。時代變了，有的成了替死鬼，有的搖身一變，重新粉墨登場。他們的眉毛逆亂，眉頭交錯，為凶頑之徵。

牛二潑皮型

此類人並不局限於江湖之中，他們甚至廣泛的散落於官場，學界，貪污賄賂，剽竊抄襲，無惡不作。他們的臉型不注意觀察殆與大眾普通臉相無異，接觸稍多，您就發現 來者不善的可怕了。他們的眼睛裏面閃著狡詐和無賴，閃著促壽的兇氣和惡氣，如狗眼——孤而狠。他們的臉上直是寫著「我是流氓我怕誰」。青面獸楊志遇之都詫異不已，何況凡人。但假如是在一個遊戲規則健全的社會，他們便無所肆其暴戾恣睢。

端起架勢型

這類人往往有龐大的身姿，結構完整的臉型，甚者有美男子之稱。棲身藝術界學界者居多。他們善於欺世盜名，口頭上西方的政治理念懂一些，骨子裏全是封建帝制的那一套，對他人是禁慾主義，對自己是縱慾主義。一旦失寵，便如喪考妣。他們的臉上總是故作高深，手揮五弦，目送歸鴻，彷彿十分高遠，實則奪泥燕口，削鐵針頭，裝腔作勢，勢利無比，為狹小之尤。他們貌似威相厚相，實則「骨傷節破，塵中之物」，骨子裏是粗魯庸俗，狹隘貪婪。

魔王作態型

當得起魔王稱呼者不會太多。但一旦有一二成功肆虐，家國就干戈擾攘，血淚交流了。他們的體貌是蛇鼠的無限放大，粗看偉岸，細察乖戾。魔王在個人權力上極端愛恨分明，心腸硬過鋼鐵。誰對他的權威造成威脅他就和誰不共戴天。他們會發起消滅不忠誠的運動，且不惜以國家和生民為代價，然後是造神。一俟得逞，便為所欲為。量小非君子，無毒不丈夫，乃是他們的行為準則。他們先是拿著聖經去行騙最後便取聖經而代之了。但這種成功的代價就是繁殖大批依附獻媚的懦夫，最後禍延家國，民族沉淪。

小人得志型

這種人的臉上寫著低賤劣等戲子的神情。一般而言，體貌粗卑，形神渾濁，他們都演技低劣，賤肉橫生。無論在朝在野，本質上精通恃強凌弱、欺軟怕硬、厚顏無恥、了無信用那一套。善於在某種幌子下掠取最大的經濟利益。這是其比牛二等類更不要臉的地方。其行為往往彙集人性劣根之大全。

Chapter 5

幾何學測量相貌標準

十八世紀荷蘭畫家和解剖學家佩特魯・坎波爾發明了一種方法，可從側面像上來測量人面部的角度。他測量的辦法是從耳朵到嘴唇引出一條水平線，再從前額中間到下頜最突出點之間引出一條垂直線，兩條線交叉處所形成的角度就是面部角度。坎波爾的面部角度測量法成為較早的面測系統，它可用來鑒別不同人種之間的顱骨差別。但是坎波爾的發明目的是為了量化美的性質，他認為希臘古蹟中的雕像代表了人類美的理想範式。他這樣寫道：「世上無不以為，阿波羅或維納斯的頭擁有超越一切的美，也無人不認為，這些頭顱之美為其他頭顱所無法比擬。」

坎波爾發現，側面視之，古希臘雕像的面部角度是一百度，而大多數人的面部角度在七十至九十度之間。因為猴子、獵犬和其他動物的面部角度比一般人低，而希臘雕像的又比一般人略高，坎波爾於是認為他發現了美的角度。恰如他自己所說的：「是什麼構成了一張漂亮的臉龐呢？我的回答是，是各種特點的合理配置，也就是臉部的垂直線與水平線的構成為一百度的角度。」在測量不同種族的人的顱骨時，他發現從猩猩、猴子到非洲黑人，再到東方人、歐洲人，最後到希臘雕像，其面部角度呈逐漸增大之勢。他將歐洲人放在最靠近美的理想範式的位置。

雨果心目中的國人形象

帝王專制時代末期的國人形象，端的是不堪太不堪。中國人的腦袋停用或誤用了兩千年，怪現狀讓人搖頭吐舌。雨果曾經以素描筆法勾勒過中國人的頭像。那是翹著豬尾巴眼睛細小，神情委瑣的一個不雅的符號，符號的含義就是中國人。時值清代晚期，國人吸食鴉片，遊手好閒，懦弱不振，且長期受制於專制高壓，早已天良喪盡，做官的只曉得搜刮民間膏脂，帶兵的只曉得貪生怕死，讀書的只曉得科名微利，民間則怪力亂神，迂腐固陋，盜賊遍野，彷彿畜圈。言語無信，愛錢如命，被先進國家視為野蠻賤種。所以，在雨果的筆下，就是那一副可恥的形態，這不怪雨果沒有惻隱之心，是專制使人陷入沉迷不醒的重屙，連生理的相貌都變到如此可憎。漢朝董仲舒罷黜百家、獨尊儒術以來，中國人（嚴格而言是漢人）已經有兩千年沒有獨立思考了，兩千年不用腦，兩千年集體沉溺於反智、反科學、反邏輯的處境，一個民族的思維能力會衰弱到一個怎樣的地步！結果是把女人的天足包裹了一千年，拿指南針來看風水，拿紙張來張羅文字獄，拿火藥來嚇鬼，拿鎮痛藥品阿芙蓉（即鴉片）當飯來吃，將暴君的余唾當作傳家寶……無力治人，建立不了好制度，也無力治天，克服不了自然災禍，在形式主義框框中爛活。美國工程師Oliver Todd在一九二〇年代初踏足中國，為中國全力治理河患廿年，成績空前。他看盡中國的落後慨歎說，「中國人虛擲的機會太多了，這實在令我百思不得其解。會否千百年下來的因循苟且，已經令他們無知無覺……？」諾貝爾文學獎得主賽珍珠（1892-1973）在自傳裏回顧說，在中國生活了幾十年回到美國後，才發現水災原來是可以避免的。

魯迅論中國人的臉

中國人的面目和精神狀態如此不堪，乃以專制肆虐，人民消沉偷安，苟且畏縮，這樣的壞根性，根子在於沒有憲政的保護。沒有憲政為底線、為護身符，做人就難了。在社會中做事，人命時時刻刻受威脅，其賤如雞犬於是也就卑污苟且，才能生存，像點樣子的很快就被各種邪惡勢力折磨消退、淘汰、死亡，剩下的往往就是投機的順民或居心不良的壞種。此事如欲改進，必待憲政的落實，有起碼的保護保障，自由精神方能萌生，各人也才可能展其才，遂其志，有言論的自由，有輿論的視窗，有法律的公正，因而也就有生活的希望和信心。這樣民氣自然由消沉而積極起來，由懦弱而剛強起來，由散漫而團結起來。他們的精神面貌乃至生理相貌，才有機會向壯美健康美麗轉進。

魯迅〈略論中國人的臉〉，其中頗有精彩的論斷，他說他最初因習慣心理，看不慣西洋人的臉。嫌他們鼻子高，臉色太白，頭髮黃而眼珠子太淡。但在習慣以後，加以比較，他得出結論，西洋人的臉是：人＋獸性＝西洋人；中國人的臉上沒有這個，野性是消失了，於是，那公式就是：人＋家畜性＝某一種人，那就是中國人。

「我們的古人，倒似乎並不放鬆自己中國人的相貌。周的孟軻就用眸子來判胸中的正不正，漢朝還有《相人》二十四卷。後來鬧這玩藝兒的尤其多；分起來，可以說有兩派罷：一是從臉上看出他的智愚賢不肖；一是從臉上看出他過去，現在和將來的榮枯。於是天下紛紛，從此多事，許多人就都戰戰兢兢地研究自己的臉。我想，鏡子的發明，恐怕這些人和小姐們是大有功勞的。不過近來前一派已經不大有人講究，在北京上海這些地方搗鬼的都只是後一派了。……後來，我看見西洋人所畫的中國人，才知道他們對於我們的相貌也很不敬。那似乎是《天方夜談》或者《安徒生童話》中的插畫，現在不很記得清楚了。頭上戴著拖花翎的紅纓帽，一條辮子在空中飛揚，朝靴的粉底非常之厚。但這些都是滿洲人連累我們的。獨有兩眼歪斜，張嘴露齒，卻是我們自己本來的相貌。不過我那時想，其實並不儘然，外國人特地要奚落我們，所以格外形容得過度了。但此後對於中國一部分人們的相貌，我也逐漸感到一種不滿，就是他們每看見不常見的事件或華麗的女人，聽到有些醉心的說話的時候，下巴總要慢慢掛下，將嘴張了開來。這實在不大雅觀；彷彿精神上缺少著一樣什麼機件。

中國人的臉……古裝的電影也可以說是好看，那好看不下於看戲；至少，決不至於有大鑼大鼓將人的耳朵震聾。在「銀幕」上，則有身穿不知何時代的衣服的人物，緩慢地動作；臉正如古人一般死，因為要顯得活，便只好加上些舊式戲子的昏庸。

時裝人物的臉，只要見過清朝光緒年間上海的吳友如的《畫報》的，便會覺得神態非常相像。《畫報》所畫的大抵不是流氓拆梢，便是妓女吃醋，所以臉相都狡猾。這精神似乎至今不變，國產影片中的人物，雖是作者以為善人傑士者，眉宇間也總帶些上海洋場式的狡猾。可見不如此，是連善人傑士也做不成的。

聽說，國產影片之所以多，是因為華僑歡迎，……廣州現在也如上海一樣，正在這樣地修養他們的趣味。可惜電影一開演，電燈一定熄滅，我不能看見人們的下巴。」

古時候的中國各地人物性情及面貌

達爾文《人類原始及類擇》的第十九章，講述人類男女的差異大於多數猿類。男人身體較女人更為高強有力，筋肉也更發達。在面相上眉脊比女子更顯著，身體毛髮更多，尤以面部為甚。「男子較女人更富於勇氣，爭鬥性及精力，且更富於發明天才。其腦絕對較大，唯是否與其身體成比例，尚未完全確定。女子之面部較圓潤，兩顎及頭骨基部較小，其身體之外周線較圓，數部分有突出更多者，女子成熟年歲早於男子。」

在此大前提之下，可根據中國古書來認識各地人物性情及面貌的生成和差異——人是時間的動物，也是空間的動物。山川修阻聲息交通不易，由是導致政治、文化的離心傾向，所以孟子謂「南蠻鴃舌之人」，打心眼裏，看輕未開化的南方人。中華文化，發祥於中原黃河流域，在近古以前無大變。南方文化、語言比不上中原的先進，在心態上，處於被動地位。清人劉大櫆記游擊將軍某，表演刀馬弓弩膂力之術，清聖祖校閱，大驚，「南人也有此弓馬耶！」其本心深處是從體力上輕視南方人。而宋朝開國皇帝宋太祖，更規定不准起用南方人為宰相，「南人不得坐吾此堂」，作為祖制頒令遵行。（事見魯迅全集，四，84轉引）

魯迅引《洛陽伽藍記》等書，說是古時北方人甚至不將南方人視作同類，元朝將人分四等，漢人是第三等，此僅指北人，南人卻是第四等，居最末。北方人厚重，南方人機靈，通常的看法是如此；但即在南方人中，同做一事，其性質也大不同。舊時國人迷信成風，但魯迅說，廣東人迷信勢力很大，卻迷信得很認真，有魄力。浙江人也迷信，卻不肯出死力去做事，即令迷信，也透著一種小家子相，毫無生氣。

錢鍾書先生《管錐編》引中外哲人從氣候、情智上觀察南北方人之區別，說是北方寒而其人壽，南方暑而其人夭，「溫肥者早終，涼瘦者遲竭」。孟德斯鳩謂冷地之人強有力，熱地之人弱而惰。修謨謂北人嗜酒，南人好色，則在外國也有此種南北之區別。

《列子，湯問》謂「南國之人祝發而裸，北國之人褐巾而裘，中國之人冠冕而裳」，也從地理因素解會其生活處境及性質。橘子生長在淮南則為橘子，移栽到淮北就變成了另一種東西，果實形貌味道都不大相同了。人其實和植物是一樣，頗受地理環境的影響，品性自然有差異。

或有一事實可證明，古代的皇帝中，簡直就沒有南方人，從上古三代到「洪憲」的袁世凱。南方的振起發達，是在辛亥革命以後，突然加劇了它的影響力。這當然是一個鬱積漸變的過程，魏晉南北朝以還，世族南遷；以後北方遊牧民族南侵，造成無數次政治、文化重心的南移。

開化了的南人，亦頗倨傲。清代那個尺牘名家許葭村，他的《秋水軒尺牘》，即對北人甚為失望，他致友人信解釋尚未生子的原因，「求珠有願，種玉無田。嗣息之謀，尚在虛左。」沒有潤玉般的美婦人，為什麼呢？他解釋說：「始則津門訪麗，既而選美金台，買來凡骨，自此所聞所見，大都北地胭脂，終異南朝金粉，恐未必能逢如意之珠。」

在北方，天津河北一帶，不易找到可供倚香偎翠的美玉一樣的美婦人。北地婦人，無論品性、質地、相貌，都不能像他印象中的「南朝金粉」一般迷人，所以才無可奈何的一任婚姻大事耽誤下去。這位許先生是紹興人，魯迅的老鄉。而魯迅在他的名文〈南人與北人〉中，對南人北人的缺陷、可鄙之處一律不加客氣的予以痛斥。

《水經注，江水注》中，認為山清水秀之地，每每生長俊彥、人中之龍；而地險流急的地方，其人亦大多性格褊狹，不易相處。杜甫〈最能行〉中罵道：「此鄉之人器量狹，誤競南風疏北風。」

專制令人委瑣、令人萎縮

像許葭村那樣反過來瞧不起北方，那也是一種事實，尤其在下層，近代北方鄉間民智愚陋，老百姓所得教育，僅是下層說書人以訛傳訛的瞎掰乎，養成一種怪力亂神、成王敗寇的卑下念頭。加上地理環境的惡劣，旱澇頻生，生命難以維持，而生冒險樂禍、暴戾恣睢之心，義和團的發生，令中國創巨痛深，也有這樣的因素在內呢。

南北東西，地域、物產、氣候等等的不同，終於導致各地方人物氣質、習俗、文化及行為方式的差異。古人有饒於趣味的觀察和描繪。唐代魏徵等撰寫的《隋書》地理志中，道及各處的民性特徵，好玩得很。

荊楚一帶的人，「勁悍決烈」，他們久處山谷，言語方音濃重，土布當衣服，如果將其喚作蠻子，則他們必然發怒。他們喜歡祭祀鬼神，又喜龍舟競渡。

吳越地方的人，「水耕火耨，食魚與稻，以漁獵為業，信鬼神，好淫。人性並躁動，風氣果決，包藏禍害，視死如歸，戰而貴詐」。

旁邊接壤的豫章、廬陵一帶，老百姓辛勤務農，上層人士一夫多妻，有功名富裕者，「前妻雖有積年之勤，子女盈室，猶見放逐」。

再往下，就是嶺南、兩廣一帶了，這裏「土地下濕，皆多瘴癘，人尤夭折」。包括南海諸小島，多產奇珍異寶，人多從商致富。此地的人，雖亦盡力農事，但重賄輕死，唯富為雄。老百姓俗好相殺，好械鬥，相攻鳴鼓，到者如雲。

彭城（徐州）以北不遠處的魯南之地，人民勁悍，讀書人講氣節、任俠，好社交。「莫不賤商賈，務稼穡，尊崇儒學」。緊連著的齊地，「人尤樸魯，多務農桑，崇尚學業。始太公以尊賢尚智為教，矜於功名，依於經術，闊達多智，志度緩舒」。但在齊郡，「舊曰濟南，其俗好教飾子女淫哇之音，能使骨騰肉飛，傾詭入目」。也有庸俗虛偽的一面，譬如大宴賓客，佳餚滿席，只能輕嚐則止，否則叫作不敬，旁人都要諷刺譏誚。

整個華北一帶碩大的地方，人民「人性多敦厚，務在農桑，好尚儒學，而傷於遲重」。這地方的老百姓則重俠使氣，好結朋黨，悲歌慷慨，出於仁義；另一面則浮巧成俗，雕刻精妙，士女衣著，以奢華綺麗相攀比。中原、河、洛地方，則「俗尚商賈，機巧長風，巧偽趨利，賤義貴財，邪僻傲蕩」，如是可鄙。

巴蜀之地，在大西南。地處偏北地方，靠漢中以南至成都以北，「質樸無文，不甚趨利」。但口腹之慾望甚為強大，即令蓬室柴門的窮人家，也想方設法要吃大肉，否則不痛快。他們喜道教，忌諱頗多。成都西北的少數民族之地，「人尤勁悍，性多質直」。整個成都平原，週邊山川重阻，「其人敏慧輕急，貌多蕞陋，頗慕文學，時有斐然。多溺於逸樂，少從宦之士」。這裏工藝美術的精妙，超過其他地方，再往南的西康邊野一帶，頭人富人依崇山峻嶺固步自雄，「以財物雄役夷、獠。故輕為奸藏，權傾州縣」。

整個大西北，地接邊荒，人民多尚武之風。多畜牧、多盜寇。女淫而婦貞，不過因為「俗具五方，人民混淆，華、戎雜錯」，所以「去農從商，爭朝夕之利；遊手好閒，競錐刀之末」。

魏徵他們寫此書之時，雖係總結有史以來政治風俗的得失，同時也在為當時政治提供戰鬥、管理、施政的情報方略，所以觀察精密，態度中立，分析定性尤見工夫。

相貌與民性：美、日、中

以上是地理的因素，在革命的時代和人物身上呢？

孫中山先生的人格魅力，關涉到政局的走向，他一死，大勢也就物是人非了。同理，美國開國的時候，傑弗遜，佛蘭克林，美國當時如無此等人，其國運恐怕也要大打折扣。今天，很少有人沒有讀到過這樣的一句名言：「人人生而平等。」這句名言首先公開見於美國總統傑弗遜執筆的《美國獨立宣言》（一七七六年）。然而，給予傑佛遜乃至美國第一任總統喬治・華盛頓以獨立思想啟蒙的，卻是一個英國作家、人權活動家湯瑪斯・潘恩。

美國獨立戰爭時的思想家湯瑪斯・潘恩（Thomas Paine）在他著名的《常識》一書中早就指出，反抗專制，包括武裝反抗，是人的基本權利，這是「常識」。在美國首都華盛頓的傑佛遜紀念堂屋頂，刻著這位美國第三任總統的名言：「我在神的殿堂上發誓，向殘害人類心靈的一切形式的暴政永遠宣戰」。而「不自由勿寧死」則是人類所有嚮往自由、痛恨專制者的共同心聲。並且他們相信，這個世界上有一個人不自由，就是所有人不自由。

美國人的正大氣質

三百年以前，五月花號帶著美國人的祖先渡過大西洋，流徙美州的荒地上，他們呼吸著自由的空氣，他們把自己的全部努力，投向了大自然。

一七七六年獨立戰爭爆發了，《獨立宣言》通篇閃爍自由民主的信念，「一切人類生而平等」的誓言，永遠地鐫刻在他們的心上，他們堅決地認為創造者給了他們若干不可轉讓的權利，這些權利包括了每一個人的生命、自由及幸福的追求。傑弗遜告訴美國人，他們的第一個目的就在於制止政府的壓迫，林肯更告訴美國人：「若不得他人的同意，沒有一個人善良得足以統治另一個人。」

二戰期間，美國使用了強大的武力，拯救日、德等國於萬丈深淵，戰後，迫使其著手民主改革，和德國人一樣，堅強而有學識的日本人重建了他們的國家，「他們在教育和社會領域大行改革，其開明程度令今天的美國國會震驚」。當改革之際，日本得到了麥克亞瑟將軍的明確支援，他說他撇棄了仇恨和不信任，為的是所要實現的神聖使命，那就是民主的政治體制，日本國深受其恩惠。今天他們的全面復興，民眾精神面貌健康得宜，實拜美國民主教導苦心之賜。

大作家莫洛亞說：「我愛美國，因為在這兒我看到那使人生活高尚的自由的光輝……我愛美國，因為在這兒我看到了在別的國度裏時常成為戰爭的導因，在這兒卻能夠整然不紊的用民主的方法來解決。」

美國還是一個朝氣勃勃的國家，其國其民，有深山大澤的氣息，他們喜歡新的事物，需要和平時，他們努力開拓；而當戰爭來臨，他們也會談笑自若的向自己的家門說聲「再會」，置身槍林彈雨之中，為保衛民主而戰。他們相互間葆有純粹的友愛，見面時把臂呼曰「老兄」，他們的友愛不僅及於所有的美國人，而是如林肯所說的「一切的人」。

日本軍閥的長相是小肚雞腸，人無正氣，花無正香，曲無正調

陳公博受過美國先進政治文明的薰陶，奇怪的是竟無所習染，致令他從青年時期即大學畢業之後的人生選擇就彷彿有鬼纏身。最後投到日本軍部卵翼之下，在他所謂「苦笑」中，過了差不多七年有餘的提心吊膽的「安穩日子」。戰後，潛逃亡命日本，儘管他一再就做偽政府首腦開脫說：「汪下水，我不能站在岸上。」但誰會聽他的呢？在日本，他藏身於舊京都郊外金閣寺的僻靜幽邃的一角。該寺歷史悠久，盟軍對日本本土大轟炸中，它以人文古跡獲免受轟炸之苦。日本是個什麼樣的國民性呢？其國陰鬱，低沉，是貨真價實的小丈夫，假丈夫，外強中乾，色厲內荏，一旦有事，落花流水，自顧不暇。由於壓抑，所以變態；由於小氣，所以殘暴；從其牛皮哄哄的大東亞共榮到生活俗諺的「戈塞伊瑪斯」，在在不乏誑

語，它這國家裏，什麼仿唐的建築，幽寂的俳句，森冷的繪畫，陰鬱的文字，孤淒的音樂，都是鏞在「假丈夫」身上光怪陸離的苔蘚、色美而毒。民初名作家不肖生（向愷然）留學東瀛，他就經常亦文亦武的教訓其國民，周作人雖也投靠日本，但他的文章，有無數篇指出日人的陰毒；張恨水根本瞧不上日本文化，尤其是日本字，不敢大大方方襲用漢字，拿去東改西改，搞到面目可憎。

戰前日本人誇下多少海口？戰後六親不認，也認不了。他們的「盟友」，一個也保護不了，包括陳公博這樣的巨頭。亡命日本不到三個月，就被迫以戰犯巨奸好身份遂歸國內，日本外務省第二部部長大野勝前往金閣寺徵詢陳氏態度時，畏畏縮縮，虛偽得要命。一九四六年六月一日，陳公博在蘇州江蘇省第三監獄斃命，子彈從後腦進，前額出。周佛海在獄中聞之，「有感」，口占二絕：「水流花謝太匆匆，往事如煙夢亦空。地下相逢應共笑，成仁畢竟是成功」，「一別原知再見難，人間天上劇辛酸，秦淮河柳台城月，閱盡興亡忍獨看。」

陳公博在獄中的最後生涯非常壓抑，失眠煩悶，他自許「始終以好漢自命」，時至今日實在忍不住要喊一聲：「天啊！」又埋怨日本「我手寫文章不曾稱過日本為友邦，因為我不認日本為朋友」，然而，一句老話，早知如此，何必當初呢？

也許美國的民性與日本民性恰成正大恢宏與鼠肚雞腸的對照。一九七五年四月底，西貢南越政權為胡志明部隊攻陷，在最後一天的緊急關頭，美駐越大使馬丁和ＣＩＡ（中情局）分析員斯內普切「迫切地想在崩潰前千方百計把南越朋友和線人運出這個國家。」北越部隊包圍圈越縮越緊，國務卿基辛格命令他們緊急疏散，馬丁卻致電在白宮的官員，罵其無情。他「不斷增加他對仍密從大使館疏散的越南人的人數估計，國務官員尖刻地說：馬丁剛剛疏散了大使館裏「最後四百人當中的六百人」，這是何等勇毅、何等耐性，又是何等雄才偉略？

抗戰時期任工兵司令的馬晉三老將軍，一九二四年畢業於日本士官學校，他曾經深有感觸地評價日本人：「花無正香，曲無正調，食無正味，人無正氣。」真正是入木三分罵亦精。日本人的長相，如東條英機、松井石根、土肥原賢二、岡村寧次、板垣征四郎……都生得委瑣卑下，眼光遊移陰賊，面相實非正常人類，就是這麼一幫軍閥，給中國帶來曠世浩劫。而佔領日本的麥克亞瑟將軍，則長得老成持重，幹練俐落，深沉睿智，乃美國精神的象徵。二戰後，軍事法庭審判日本軍閥谷壽夫，押解他到刑場時，美式軍裝的國軍軍人，與之形成鮮明對照，谷壽夫，這位侵略軍的代表，越看越像人中之鼠。然而就是這樣一個人，指揮部隊在中國殺人如麻，血流漂杵。

英雄的氣質對照卑賤的民性

二戰以來，老美未曾因為自己的國家利益而入侵他國。老美在世界上一直代表先進的、文明的勢力，對穩定局勢保護生命作了無從估量的巨大貢獻，是典型的「鷹爪鴿心」。

二戰中，美國參戰，對文明世界戰勝人類歷史上從未見過的邪惡政權納粹主義和日本軍國主義，都起到了決定性的作用。真正做到：打得一拳開，免得百拳來！稍有良心的人都知史實，太平洋戰爭爆發前夕，中國內陸大部分領土，包括所有的沿海發達地區都已淪陷。當時中國傷亡慘重，國脈如絲，在國際上孤獨無援，瀕臨絕境。此時幸虧美國干涉，壓迫日本退出中國，才導致日本偷襲美國珍珠港。老美出招，固然因為日本在亞洲的擴張造成威脅，但也是出於其立國以來代代相傳的信念。更重要的是，老美的行動在客觀上起到了助弱抗強、打抱不平的作用。珍珠港事件爆發後，國人喜心翻倒，終於絕處逢生，其後又對來華助戰的美軍人員充滿了感激之心，以致「老美頂好」成了當時的童謠。不意後世竟有不肖子孫，因為老美有自身的利害考慮就否定其參戰的正義性，甚至把老美當成比日本還壞的魔鬼！這種忘恩負義的顛倒思維方式，泉下先人有知，該是何等的絕望。

十八世紀末葉的美國聯邦黨人來得切實可行。他們說：「優良政體的真正檢驗標準應視其能否有助於治國安邦。」「管理不善的政府，不論理論上有何說詞，在實踐上就是個壞的政府。」他們為新憲法的通過與對立者作了一系列的論戰，而新憲法，其要義乃在維持對政府對自由和財產的進一步保證。這種努力對美國民主社會的建立，起到決定性的作用。英國作家狄更斯深深佩服這個沒有君主、沒有封建制度，也沒有國教的自由平等的新型國家。他舉極細之事為例：「波士頓的州立瘋人醫院，以友愛感化為主的開明原則進行管理」。「美國的公共機構裏，服務人員均極有禮貌。而英國的稅關人員是那樣的粗野，使人起厭惡之感。英國居然養著這樣一群惡狗，在國門那裏狺狺向人，實在有損國體。」他看到美國人即使在生意氣氛中也是文質彬彬的，房舍和饌飲，都很精緻，在財富的誇耀方面，在生活奢華方面，爭強鬥勝的精神更大。甚至，作者在美國大街上的觀感，他欣賞美國女性，覺得她們都特別漂亮！民主國家的精神魅力，有如是者！

年輕的網友認爲：孫中山先生是最偉大的「帥哥」

臺灣諮詢科技電子報消息，網友公認國父是中國最偉大的「帥哥」。這一段話有點意思「帥哥不稀奇，偉大的帥哥才稀罕，史上超級偉大的帥哥更是神奇！國父孫中山先生就是這樣一位人物，那些年輕的網友提到國父，除了公認紙鈔上他的肖像，有著穩重、異於常人的氣質，也發現雖然他個子不高，但深遂的眼眸實在有魅力。網友相信以他老人家沉穩的風格、偉大的抱負，和一般帥哥絕對想不到的三民主義理念，無怪乎能吸引如此多的能人志士加入革命行列」。這些年輕人把孫先生名列第一，還自編五「拳」憲法，歌頌國父的偉大，話說「立法拳」拳勁雷霆萬鈞，敵人無處可逃，「行政拳」飄渺無形，讓敵人死得不明不白，「司法拳」柔弱無形，但反客為主，「考試拳」招招入骨，敵人死無全屍，「監察拳」樸實無華，破壞內臟。不論那個時代，國父推翻滿清、創立民國的偉大事蹟，在年輕人眼中都是最帥的啦！

中山先生的外貌，那是端正重實，姿容敦厚，神色莊重英敏，精神翹秀溫藹。其量如滄海，其器如巨舟。

「孫文的氣概我沒有見過第二個」，大氣磅礴

晚清之際，險惡的世途，屢戰屢敗的運作過程，彷彿秋天的山間小道，秋風尚未刮走落葉，又為紛紛的枯葉所覆蓋。悲觀型的志士就更為之氣餒。像卡夫卡所說：「目標確有一個，道路卻無一條，我們謂之路者，乃躊躇也。」過度的敏感令其感受疼痛的能力更為增強，漸次加深，無法自遣，意志的作用愈發微不足道。一九一一年七月八日，志士楊篤生在英國利物浦投海自盡，他以列強瓜分中國及訛聞黃興於黃花崗戰死，至受刺激，神氣沮喪，繼而頭痛浮腫無以自制，遂投海自盡。孫中山聞之大為痛切，認為犧牲不能有造於社會者決不應為，他致吳稚暉函中說：「弟觀篤生君嘗具有一種悲觀懇摯之氣，然不期生出此等結果也。」

會黨初起到辛亥革命，中間不知經過多少次的困難，多少悲觀，多少次的失敗，如黃花崗之役，欽廉之役，河口之役，鎮南關之役，惠州之役，尤其當一九一一年黃花崗起義失敗後，黃克強先生急切為死難黨人報仇，欲躬行暗殺，黃興致巴達維亞華僑書報社同人：「自三月事敗，弟憤同事諸人之畏縮，以致徒傷英銳之同志，故願專事暗殺一方面。」孫中山先生聞悉即致電勸緩行。孫中山專門有一篇關於暗殺的談話，全文如次：「暗殺須顧當時革命之情形，與敵我兩者損害孰甚。若以暗殺而阻我他種運動之進行，則雖殲敵之渠，亦為不值。敵之勢力未破，其造惡者不過個人甲乙之更替，而我以黨人之良搏之，其代價實不相當；惟與革命進行事機相應，及不至搖動我根本計畫者，乃可行耳。」這段談話實可視作民初黨人暗殺行動之總綱，其內蘊是表達生命的權利及正義感，以期對奴性十足的社會群體起到震動，同時也考慮到政治理念，社會制度的決定性，以及策應的總體方法及效果。史堅如烈士的遺書中，嘗謂「記得去年冬天（一八九九年）我奉了孫先生的命令，來廣東密謀暗殺」云云，此即形勢的急需。

中山先生建立正義政府的信念，是構築在對晚清社會狀況、政治結構的精密分析之上的。如論中國司法的改革（一八九七年）嘗謂：「也許沒有什麼部門比司法制度更迫切需要徹底改革，這一奧吉亞斯牛圈要清除之是完全不可能的。」奧吉亞斯是希臘神話中的厄利斯國王，養牛三千頭，牛圈三十年未曾打掃，牛糞堆積如山，骯髒已極。中山先生意謂局部清理為徒勞，必待徹底改建。他又說：「在中國對任何社會階層都無司法可言，民事訴訟程式只不過是受刑的代名詞。」而對此種腐惡已甚的極權制度，要推翻它，研究、推廣新思潮絕對不夠，狙擊也是有效手段之一種。

在中山先生的政治哲學專著中，貫穿這樣的理念：文化科學、實業經濟、民主政治，而此三者，正與近代英國土地上所出現的——牛頓科學、市場經濟、民主政治相契合。它們的合力造就了「現代化」這種給世界帶來翻天覆地變化的力量，在中山思想的啟導影響之下，大量湧現政治、文化、教育、科技方面的創新人材，杜甫詩謂「莫取金湯固，常令宇宙新」。注重根本，眼光高遠，真正能救國的原動力即在此。

蘇州市孫武子研究會最新研究成果：九三部孫氏宗譜綜合研究，集成三十二萬字的《孫氏宗譜世系源流》一書，其中一項重要內容，證明孫中山先生系我國春秋時大軍事家孫武的七〇裔孫。

幾十年前的民國時期，廣州國立中山大學教授羅香林撰《國父家世源流考》，考證出「至明永樂間，有諱友松公者，再遷廣東紫金，是為國父上世入粵始祖」。又十二傳，孫璉昌（一作孫連昌）起兵反清，兵敗流放，於康熙間自紫金遷居增城，旋再遷中山縣湧口門村；又二傳，孫殿朝自湧口門村遷居翠亨村，是為中山先生高祖，即中山先生父親孫達成為孫殿朝的曾孫。羅教授之考證為當時政要孫科、吳鐵城、陳立夫所肯定，各為之序，並於一九四二年出版。羅教授的考證對孫中山先生祖輩孫連昌和後代「無一屈身辱志」的事蹟，激勵抗戰功莫大焉。更早的時候，南社社員陳巢南也著有《孫中山先生世系表》。

假如不是迷信的說法，也可見中山先生允文允武的人格氣魄所來有自。他革命一生，荊棘載途，先生卻如牛負重，兩肩擔起，未嘗稍息。很多歷史的關頭，機會微渺得如同海底撈針，而先生總是不辭冒險，期達目的。儘管有的行動原系孤注一擲，勝負殊未可分。但是，如唐德剛教授撰寫的《李宗仁回憶錄》所贊：「把握時機，不計個人成敗，原為革命家的本分，加以中山先生氣魄宏偉，敢作敢為，尤非常人所能及。」

小說名家曾孟樸，在他的《孽海花》中曾熱情洋溢的紹介孫中山先生。數筆勾勒，形象已出，說到孫先生的童年異稟，留學時所吸養的自由空氣、革命思想。在他筆下，孫先生「面目英秀，辯才無礙」，是「一位眉宇軒爽，神情活潑的偉大人物」。一九二四年底，中山先生病像已深，還扶病北來。歡迎的民眾，環湧如堵，幾年後張恨水先生著文回憶當時情景：「中山先生帶著笑容，從火車上下來。因為有病，不能演說，一路之上，扔了許多傳單答復民眾。傳單雖極簡單，第一句就是中華民國諸位主人先生。你看他對於民眾（人力車夫在內）是怎樣謙遜有禮，和藹可親。」恨水先生的筆調，率真而沉鬱，情緒低徊不已。他又寫道：「而今青白旗掛遍北京了，中山先生的主義好像快要實行。但是，這莽莽乾坤，哪裡去找這樣春風風人、夏雨雨人的偉大人物？我傷心極了，我只有痛苦。」談到這裏，筆者陡然受了感染，情緒無端失控，淚水滴嗒紙上，心惻鼻酸，不能自持。先賢炎涼嚐盡，而接力春秋，卻永無再傳！絕世傷懷，有逾此乎？

章太炎先生為近現代大哲學家，其學問如深山巨壑，其行文如狂瀾汪洋；與革命結緣數十年，貢獻極巨，但偶爾也不免老天真的固執、迂腐、輕信。一九一二年以後，袁世凱為了拉攏他，特邀進京「商談國事」，派王賡（揖唐）赴滬迎接，到京後百般優待，發表為東北籌邊使，章先生不知是計，躊躇滿志，領了一萬元開辦費，即到吉林走馬上任。到東北後，無人理睬，碰了一鼻子灰回到北京。一九〇九年秋，他和孫中山先生發生政治理念上的嚴重分歧，竟在日本華文報上著文惡攻中山，蔡元培對陶成章、章太炎的鬧內訌，稱「尤為無理取鬧」。四年後中山先生致蔡元培函，談民國政府之用人，認為康有為反對民國之旨，終難聚合，而「至於太炎君等，則不過偶於友誼小嫌，決不能而與反對民國者作比例。尊隆之道，在所必講，弟無世俗睚眥之見也」。

一九一二年八、九月間，中山先生在北京與老賊袁世凱有過十餘次談話，就國家治理、建設問題提出磋商。袁賊多所虛與委蛇。至九月十六日錢別宴會上，乃急欲刺探中山先生之意志，佯裝酒醉親熱，拊孫肩曰：今革命克告成功，先生奔走數十年之目的已達，中華革命於是告終矣乎？中山先生莞爾從容對曰：「滿清幸已推翻，如云中國革命從此告終，恐未必然。」於此不難看出，中山先生當十面重圍之中的從容不迫，詢為大革命家本色，以及遊刃有餘的心境。

中山先生初著文，並不刻意為詞章，取達意而已，在民國八年以前，專精政治、經濟之學，旁及兵法、輿地、外文之屬。後以自撰《孫文學說》，乃取《史記》、《漢書》、《古文辭類纂》溫習之，胸中丘壑，腕底波瀾，遂命筆沛然，如長河大洋，無阻滯矣。先生出口成章，更添文采風流。故其著述不特道理貫日月，即文辭亦如精金美玉。為那種「破壞內行，建設外行」的「革命家」所難以望其項背。先生天賦大才，亦學力使然；至於他的學養，又有兼融百家的闊大包容性。《孫文學說》嘗謂：「當萍醴革命軍與清兵苦戰之時，東京之會員莫不激昂慷慨，怒髮衝冠，亟思飛渡內地，身臨前敵，與虜拼命。每日到機關部請命投軍者甚眾。稍有緩卻，則多痛哭流涕，以為求死所而不可得，若莫甚焉。」活畫當時情景，並革命者之心志。實則早些時候由先生改定之興中會會章，即有思想與文采氣勢兩相高之致，文章氣節，堅毅沉摯，雄渾痛憤。今僅錄章程之前序一段，嚐鼎一臠，可以知味——

「中國積弱，至今極矣。上則因循苟且，粉飾虛張；下則蒙昧無知，鮮能遠慮。堂堂華國，不齒於列邦；濟濟衣冠，被輕於異族。有志之士，能不痛心！夫以四百兆人民之眾，數萬里土地之饒，本可發雄為雄，無敵於天下。乃以教治不修，綱維敗壞，朝廷則鬻爵賣官，公行賄賂，官府則剝民刮地，暴過虎狼。盜賊橫行，饑謹交集。哀鴻遍野，民不聊生，嗚呼慘哉！方今強鄰環列，虎視鷹瞵，久垂涎我中華五金之富，物產之繁，蠶食鯨吞，已見之於已事；瓜分豆剖，實堪慮於目前。嗚呼危哉！有心人不禁大聲疾呼，急拯斯民於水火，切扶大廈之將傾。庶我子子孫孫，或免奴隸他族，用特集志士以興中，協賢豪而共濟，仰諸同志，意自勉謗，謹訂章程，臚列如左」（下略）。

海明威的《老人與海》，寫古巴老漁夫抱夫桑提亞哥八十多天出海捕魚，皆空船而回。第八十五日與那條十八尺長的大魚周旋搏鬥一整天，等到半夜進港，魚身早為鯊魚嗜盡，最後只剩一根又粗又長的雪白脊骨，扔在垃圾堆裏，只等潮水來沖走。中山先生一生與滿清攘擊，中間敗跡無數，今日有的學人就出狂言道，孫中山一生都是失敗，彷彿不屑的樣子。實則中山先生與老漁民最為神似，那整體性的孤獨，志士式的灰心和豪傑式的扼腕，而終於百折不撓的選擇。老漁民說：「一個人並不是生來要給打敗的，你盡可把他消滅掉，可就是打不敗他！」中山先生為祖國的設計，科學、民主、長遠而切實可行，當時有人稱他孫大炮，但大炮發發落在實處，是不放空炮的大炮！他對中國的觀照，亦自世界性角度切入，他同時又是把世界最先進的政治文明動向引人中國的人。他面對時代，改造國家，去適應劇變的世界。

《老人與海》中的老漁民，在與大魚遭遇以前，嘗駕小船在海中無奈漂移。海岸是無窮的廣闊，他低頭朝水裏望去，但見藍光中種種小生物與太陽幻成奇異的光輝，他喜歡其中海龜的優雅，可有人對海龜很殘忍，而海龜被殺死切開以後，它的心還要跳上好幾個鐘頭！老頭想：我亦有這樣一顆心！這和中山先生臨終前的傷懷激越，不是很相類似的嗎？先生彌留之際，不放鬆「革命尚未成功」的殷切囑咐，他是古老中國走向現代化國家的偉大嘗試，這樣的風範人物，為古往今來所僅有。

孫中山先生素重西學，深諳洋習，對設議院、變政治更有深刻的理解。一八九六年倫敦蒙難（為清公使館綁架），獲英國人民及政府營救，對英國人民所崇尚的正義及公德良心更確信無疑，也使他對文明國家的進步、教育、民意的認識更加堅定。他對中西文化良性傳統方面的有機繼承發展使他不但建樹偉大，更以獻身國家的同時，表現出一種罕見的人格魁力，而時勢給他的名利，卻棄如敝履，絕不介懷。彭西先生〈國父援助菲律賓獨立運動與惠州起義〉嘗謂：「他偉大人格的特質，是在他個人立身行道方面的謙恭、樸實和克己的態度與精神。就是我們興致來的時候，於日本的茶屋式中國料理中，在大批花枝招展的藝妓裏面休息的時候，他正襟危坐，態度謙和莊重。對朋友們他是一往情深，在宣傳說理方面，誰也比不上他坦率、雄辯及說服的能力。他說明及宣傳他的主張，溫和而動聽，並且以絕對誠樸的態度，含笑答復與他反對的意見。」

一九〇一年六月至七月間，中山先生在日本接待來訪的留日學生，有吳祿貞、鈕永建（惕生）、程家檉、馬君武、張雷奮、王寵惠等數十人，他們中多數尚未見過中山先生，一些人更倨傲輕狂，以為中山不過是龍蛇起陸的草澤英雄罷了，甚至懶得往訪一晤。但很快，他們的看法轉變了。深深感慨到中山先生大木百尋，滄海萬仞的偉岸氣度，這轉變的過程，頗堪說明問題。據《吳稚暉文存》記述：「余三月至東京，五六月間，鈕惕生偕吳祿貞、程家檉去橫濱晤先生，我未以為甚合，及聞惕生言彼氣度如何之好，我始驚異。」又在其《總理行誼》中記：「一天，有位學農科的安徽程家檉（一個最大膽粗莽的革命家，民國三年被袁世凱騙了，殺在北京彰儀門），又有一位湖北吳祿貞，來尋鈕先生，要邀我同到橫濱去看孫文，我雖不曾駭成一跳，暗地裏吃驚不小。我說：梁啟超我還不想去看他，何況孫文，充其量一個草莽英雄，有什麼講頭呢？他們三人微笑而去。……傍晚他們回來了，我馬上就問孫文狀貌，是否像八蠟廟裏的大王爺爺？鈕先生說，一個溫文爾雅，氣像偉大的紳士。我說與梁啟超相較如何？程搖頭道：『梁是書生，沒有特別之處。』鈕插話說道：『你沒有看見，看見了定出於你的意料之外。』其時的鈕先生，以書院有名的學者，與後來《申報》的主筆陳冷血——梁鼎芬所稱為二雄，亦為張之洞所看重，我就問他：『難道孫文就有張之洞的氣概麼？』他說：『張之洞是大官而已，你不要問；孫文的氣概，我沒有見過第二個，你將來見了，就知道了。』」

還有僅見先生書法即已悅服者。章士釗記：「一日，吾在王侃叔處，見先生所作手箚，長至數百言，用日本美濃卷紙寫，字跡雄偉，吾甚駭異，由此不敢僅以草莽英雄視先生，而起心悅誠服之意。」

中山先生不可思議之人格魅力，除有天賦奇智以外，更由其素養、學識、敏悟、識力、亢爽、深情、沈著、率真、勇毅綜合而成。那些後來成為大功臣、大革命家的留日學生，在當時與先生識，親炙教誨，也就從「山有小孔，彷彿若有光」的小隧道，一下子進入了土地平曠、阡陌縱橫的桃花源，頓有豁然眼明的開朗了。個人的行為決非滄海一粟，當其湧上社會行為風浪的頂尖，即帶動生命力尋求更為良性的循環。值此萬木蕭疏的時代，回望那智竅大開心時分，令人何等眷念不置啊！

中山先生，以他的學養、識見、修為、口才、敏悟、大氣、堅忍、勇毅、平和，綜合造成一種極饒魅力的人格形象內涵。在世界各地奔走革命期間，影響吸引各階層人士，所在多有。一九〇九年在美國巴蒙演講足足演說三個多小時，聽者多感動淚下。公宴會上，當地僑領及致公堂首領簇擁著中山先生，推他坐首席；當時，有一位青年，跑到他跟前，恭敬叩頭說：「我要跟隨先生革命，替先生挽皮包。」中山先生說，革命是要殺頭的，你有這個膽量？青年答曰：「殺頭？我不怕！」這個青年就是現代國術技擊家馬湘先生，他是加拿大華僑領袖的子弟，一九一五年回國討袁時，正式跟隨中山先生，先後擔任衛士、衛士長、副官等職，至孫先生在北京病逝為止。中山先生一九二四年離穗北上期間，曾繞道日本，船抵神戶時，日本士官學校的百多名中國留學生前來迎迓，一致表示願輟學歸國聽先生驅策。先生勉其用功研究，將來回國效力，學生又要公宴先生，先生以節省金錢時間相勸婉謝之。先生致力革命四十年間，這樣為民眾所理解崇仰的場面真是舉不勝舉。即日本財閥，也對先生執禮甚恭。又如張作霖，當中山先生北上抵天津時，張即派人告之將在天津行轅舉行歡迎大會。先生當日訪之，次日張氏回訪，「張作霖到張園來見先生，一連來了二十輛汽車，衛士足有百多人，戒備森嚴，張向先生表示，他決心追隨先生，并說他願作先生的衛隊長」。會見時，馬湘在室外警衛，他和張部一位上校警衛閒話，上校問中山先生的衛隊有多少人，馬湘告訴他，有六人，對方聽成六營，極驚諤，說六個營？駐何處，馬湘再說明是六人，不是六營，他更詫異，覺人數太少了。孫先生這種魅力，是政治家把中國導向正軌的極大助力，即如雲南軍閥唐繼堯，其敬服中山，也出由衷，護國戰爭時，秘密致函中山先生：「竊盼我公登高一呼，俾群山之皆應；執言仗義，重九鼎以何殊，一切機宜，祈予隨時指示，得有遵循」……這些，可從側面說明中山思想的深刻性、廣泛性及可行性。

觀察一個政治家，既要看他的既有成就，更要看其潛在能力。中山先生確乎是把理想主義及實際經驗結合到最佳結構，經驗與理想，互為提攜、制約、補充。險阻艱難、經緯萬端的時代，彷如海上風暴，每一朵浪花，也皆似有食人之慼。他就要在那樣的時分運作奮鬥，尋求變更之道。這和徒以畫餅馭人的權術家有著本質區分。後者告訴你，希望的事，遲早會實現，但即便小有實現，卻完全變質變味，結果全國幾代人，都成他的試驗田。

我們一般人，為惡劣環境所醃製醬化，簡直不敢相信曾經有過的偉大人文理想及實踐。結果最害怕的事，往往是我們獲得解放、脫離苦惱的唯一門徑。給先烈扣上時代局限方冠的評論者，大概都是些一味素潔的「素食主義者」。蔬菜，固屬清潔植物，然而它是吸收什麼長大的呢？對此，刻寡的評論者大約不加理會，要說時代的制約局跟，則任何時代概莫能外。

聖者的深邃與明淨

南非民主聖人曼德拉的長相是那樣的厚樸誠懇：作家索因卡接受採訪時無話不談，他提到自己的偶像是前南非總統曼德拉，「我欣賞他經過了牢獄之災，仍可以堅忍的追求自己心中的聲音。」索因卡，是一九八六年諾貝爾文學獎得主，他在一九九一年時與曼德拉認識，對他的勇氣和堅強的意志，尤其是「揮別昨日，勇敢面對未來」的態度，特別敬佩。

被羅馬教皇誣衊為「糟蹋上帝葡萄園的狐狸」的馬丁神父，曾在在美國波士頓的一座猶太人蒙難紀念碑上，留下一段名言：「起初他們追殺共產主義者，我不是共產主義者，我不說話；接著他們追殺猶太人，我不是猶太人，我不說話；後來他們追殺工會成員，我不是工會成員，我不說話；此後他們追殺天主教徒，我不是天主教徒，我不說話；最後他們奔我而來，再也沒有人站起來為我說話了。」馬丁教牧師留下的發人深省的澈悟，他曾是納粹的受害者，他在晚年懺悔自己當年的道德污點時寫下的這段話。一個人徹悟的程度，恰等於他所受苦難的深度。由此我們來猜想一下馬丁神甫的面容上的氣息和神色，那是怎樣的深邃和磊落。痛苦中領悟的境界，是如何彌漫驚心動魄的省察，是如何飽經憂患後的智慧再生，是如何最後關頭的道義擔當。這樣的的面容，必然包含大悲憫大警醒，當永遠不滅，當永遠閃現於人類追求文明的腦海。就算他在後人心中有一千種形象，其焦點，也必然是暮鼓晨鐘一樣的偉岸沉重。

據二〇〇五年十一月二日南國都市報報導，美國司法界的少壯派，特別檢察官派翠克·菲茨傑拉德，是在美國法律界素以正直聞名。負責獨立調查「特工門」，他時年四十四歲，隨著美國「特工門」案愈演愈烈，他近來頻頻在媒體電視上露面。奇怪的是，許多平時從不過問政治的女性著迷追看「特工門」新聞。不過，她們實際對案件本身毫無興趣，只為能多在電視上多看一眼菲茨傑拉德。原來，菲茨傑拉德憑藉其成熟男性魅力和正直人品，一夜之間成為讓美國女子傾倒的「萬人迷」。

十月二十八日，當菲茨傑拉德出席一個新聞發佈會、向媒體解釋將起訴副總統切尼辦公室主任路易斯·利比後，其瀟灑舉止令一名女記者芳心大動，忍不住在其專欄內寫道：「究竟是我太奇怪？還是菲茨傑拉德太帥？」

二十九日週六，美國著名長壽喜劇電視節目《週末夜現場》的女主播蒂娜也在節目中也公開表示對菲茨傑拉德愛意，甚至暗示她可能放棄女性矜持，打算「倒追」他。她說：「菲茨傑拉德整潔、說話和氣，充滿男性氣概。他那清晰渾厚的嗓音、富有穿透力的藍眼睛、和無懈可擊的正直人品，令我重新對美國恢復信心，也讓我想要做一些以前從未做過的事情。」她因為他，竟然恢復了對美國的信心，其魅力一至於此。

相貌與地域人種

達爾文有很多科學界人文界的朋友，其中赫倫告訴他，美洲的紅人認為最美的婦人是有闊而平的臉面、小眼睛、高顴骨、低額頭大腮幫、黃褐色皮膚及下垂到腹部的乳房的。他的另外一個朋友博拉思曾經遊覽中國北部，證明當時中國人以闊面高顴隆鼻大耳為美。他還有個朋友認為，斜眼為中國人和日本人所固有。關於這一點，不才以為可能受了中國民間地方戲化妝的影響。關於民族之間的審美認知，中國內陸人認為歐洲人的白皮膚高鼻樑是醜陋的，事實上中國至近代以前，對西北的遊牧民族面相都看不大慣，認為他們的鼻子像鳥喙。關於這一點，還記得《管錐編》裏曾經引用唐代人眼中的胡人印象：「喚出眼，何用苦深藏；縮卻鼻，聞香不需高。」關於膚色，非洲的黑人，也看不慣歐洲白人的皮膚。曾經有個黑人小孩子見一白種成年人，高聲道：「看哪，這人好像一隻白猿猴。」因為，黑人相信魔鬼與幽靈多呈白色，還有他們認為白色是不健康的徵兆。當地有一黑人男子甚為英俊，但他的皮膚比較白，不夠黝黑，竟無女子願嫁之。而晚清時節，一個廣西官員，見到英國使節的妻子，頗為輕視，說她是「其白如犬，其淡紅色如馬鈴薯之花」，說明中國人也不喜歡歐洲人的白皮膚。種種事實證明，種族之間的審美大異其趣。現在的時代，面相上有異域情調的，無論男女，總是被審美的時尚所關注，但在晚清的末年，那還不被看好。上海的一美女，人家介紹他與一香港男子相識，那人的長相，有嚴重的歐化傾向，於是這女子很不大高興。看他鼻子又是高的，眼睛又是摳的，心上總有點疑心，不大高興。這是見於李伯元《文明小史》的一則故事。李伯元評論道：「他心上已經明白媛媛不喜歡外國人。中國女子智識未開，難怪有此拘迂之見。」

豐子愷一九五九年寫的〈九江印象〉，強調這樣的意思：九江的男男女女，大都儀容端正，極少有奇形怪狀的人物。尤其是婦女們，無論群集在甘棠湖邊洗衣服的女子，提著筐挑著擔在街上趕路的女子，一個個相貌端正，衣衫整潔，其中沒有西施，但也沒有嫫母。她們好像都是學校裏的女學生。但這也還在其次。九江的人態度都很和平，對外來人尤其客氣。到處都度著和平的生活，絕不聞相打相罵的聲音。向人問路，他恨不得把你送到了目的地。

令人驚訝地域區別對風俗人情的影響的偉大。

攝影家菲爾・波吉斯的作品拍攝世界各落後地區的人相，那些因地理、文化、歷史、血統和生活方式不同而相貌、表情各異的臉上，卻呈現出乎意想的一致的精神內容，同樣有著非常統一的圖式：一律的方形構圖，棕黃的古樸色調，人物眼神一派平靜、無邪而略帶憂鬱的氣息。他的照片不獵奇，無非要告訴人們他所認識的道理：生存是如此的相同，拋開身體外形和文化不同，從各種意義上說，所有的人全都一模一樣。菲爾・波吉斯企望用攝影的方式，超越種族、文化諸多世人認為重要的因素，挖掘出人類至深至純的「神性」——從平凡甚至貧窮人的人性裏發現神性。

有的相貌有大的缺陷，為短壽之相，也即是夭折之相。那就比較麻煩了，民初的詩人葉長青，他家的上幾代都是壽命短促，於是他很警惕，力求改變他的相貌，想靠改變相貌來增加他的壽命。這個先天的決定，怎麼能輕易改變呢，但他信心十足，他的理論是「修相以延年」，如何做呢？他沒說。我想，無非是增加內心的沉靜，來加強整體的定力，由此來支撐內心的渴求，於是相貌有可能在氣質上有所改變。

相貌在遺傳方面呈現一種漸進的、層積的變化方式，達爾文《物種起源》很明確的說：「人們相信，世上的貴族，多少代以來，從不同的階層選取美貌的女性做妻子，已經變得比中產階級更加美麗英俊，按歐洲的標準來說是這樣。」

關於鬍鬚。亞洲男子鬚髮不及歐洲人種濃密。有的地方還有諺語：「女子不嫁毛人。」但中國古代，如曹操部隊戰敗擾民，自割其鬚以示懲戒，其嚴重性以抵死刑，雖為奸雄作秀，也大抵可見男人鬍鬚的重要性。但在多須人種讚美其鬚，古時候的英國先民，有不成文法，失鬚者罰二十先令。達爾文說，非洲的斐濟小島居民，其鬚茂密如棘，最以此自傲。這也可看出，不同人種間，對美的嗜好和認識迥然不同。

達爾文說：「西海岸黑人平闊之鼻及突出之顎，乃非洲居民之例外體型。黑人頗不喜白人之皮膚顏色，他們又厭惡碧眼，以為白刃之鼻子過長，口唇過薄。黑人頗重視體格，對於最美之歐洲婦人，遠不及對黑人女子美觀的偏好。……許多美洲紅人皆稱讚極扁之頭，為我們所視為愚癡者，殆無可疑。西北海岸之土人將頭壓為一尖圓錐形，是所以增加其所好圓錐形之高。」可見審美的特殊變更，各種特性皆可發達為美。

現時代的相貌經濟學，美貌是一種儲備

美貌經濟學，經濟學者多注意之。美醜難以界定，研究者遂將一群樣本相貌給評審人打分數，由最美至最醜迭次排列，然後分析其所得資料，發現一般被認為較美的人，做同樣的工作，報酬較高，可能由於擁有美貌者較能促使該公司的營業額上升。隨後又以法學院畢業生的資料作研究，發現美貌者多負責出庭打官司的外部工作，而貌寢者則多擔任內部工作、處理文件和研究等。可見分工的巧妙。

另一項發現是：平均而言，因美貌而提高收入的作用，對男性比較明顯，因為美貌女性會繼續工作，賺取較高的收入；缺乏美貌的女性，會離開勞動力市場，嫁人去了，不幸的是，她們的結婚對象，平均收入都較低。

一般說來，貌陋者可以靠美容對自己進行投資，從而提高收入。奇怪的是，一個實證研究顯示，花費於美容的錢雖可使美貌增加，但由此引起的收入增加卻不足以支付美容費用。換言之，美容費用只能視為消費，而不是投資！——這令人難以置信，但卻是經濟學者的研究結果。

某年的港姐楊思琦，當記者問她的最高學歷，所畢業之母校，她半真半假的答道：「美貌就是畢業證！」在她看來，大抵不外乎是：美貌，只有美貌，才是創造歷史發展的動力。她們實在來不及「韜光養晦」了。

一九八五年美國模特兒傑麗曾說，她媽媽教給她輕易控制男人的方法，「在客廳裏做處女，在廚房中做廚師，在臥室做娼妓」。這個意思並不特別的精彩，因為這也是老生常談。周作人先生早年譯文中談到「寺內安詳，床上放蕩，外出端莊……」云云，就是這個意思，關鍵在這位模特兒的後兩句發揮，她說：「我會雇傭另外兩個人，我自己只扮演臥室裏的角色！」其妙語解頤，可謂雌性的雄談！美貌的自恃、自信，以及天然的作為武庫的運用，是那樣的一泄而出，可見美貌作為一種儲備，是怎樣在女性身上發生作用。

美是希缺資源

美是稀缺資源，美女是稀缺人才。選美會亦是這類型的人才交流會。香港的選美為不少美女進入娛樂圈提供了機會，各個公司的星探也利用這個場合尋找搖錢樹。香港娛樂業是個大產業，把娛樂業看成是經濟而不僅是文化，這樣或許能讓人把美麗看成一種經濟資源。

選美會在世界各地流行，在這種頻繁的商業性選美活動背後，給美女以榮譽和金錢，在選美比賽中勝出者，不但可獲豐厚的獎品，而且「美貌與金錢並重」，其收穫又豈止贊助商送出的禮物。美貌的人在社會占盡便宜，到處受歡迎，物質與精神收穫俱豐，這種不美麗者無法得到的待遇，經濟學家稱之為「美麗貼水」。

選美與經濟報酬

一年一度的「環球小姐」可以獲得總價值為二十五萬美元的獎金和獎品，並可能成為世界級的模特或者演藝圈中的紅人，前途將因此而不可限量。得獎後一年裏她還將環遊世界，參加各種公益活動。「世界小姐」也可獲得十萬美元的獎金和價值十五萬美元的禮物。

歷年來，美國為選美而設的獎金數額固定——「美國小姐」獲得四萬美元，亞軍得三萬美元，季軍得二萬美元。而香港小姐因每年贊助商不同而獲得不同額度的獎金和獎品。一九八六年亞洲小姐（香港）冠軍獎金曾高達一百萬港元，其中包括花園洋房、豪華汽車。

其他如新加坡舉辦的「世界福清小姐」選美賽桂冠，獎金獎品非常豐富，冠軍除獎金外，還可獲得一棟獨立式洋房。

當然，更多參與選美的女子看中的是將來的物質前景。歷年選美得主，有的藉此獲得了事業的輝煌成功，最好的例子是港姐出身的張曼玉獲得亞軍後，如今已晉升為具有國際影響的東方女星。

求職，寫眞集：相貌推到前臺

據報載，訪員在人才市場觀察發現，迫於就業壓力增大，不少大學生的求職信也是花樣百出。近時有大學女生在其簡歷中附半裸彩色寫真照，並注明她「能歌善舞、貌美端莊、溫柔賢慧、社交能力較強，能喝酒……」，主觀上，大學生們自認為有文憑撐腰，求職期望值過高，一出校門便欲直奔「白領」。這樣自然就自我縮小了自己的應聘空間，同時也增加了求職成功的難度。然而又在四處求職無門的情況下，出此下策，並弄出如此「自我作踐」的無奈之舉。客觀上，每年畢業生遞增，各個崗位上冒尖的人才紛紛跳槽，從而使得人才市場的競爭變得異常激烈。在這種情況下，不光就業壓力逐年增大，用人單位的胃口也越來越刁，甚至動不動就要求應聘者懂電腦、會英語、有駕照，而學歷上也往往定格在研究生、博士生上，這就很容易令求職的大學生們緊張。情形如此，像在求職，也像徵婚。那不要緊，世道再怎麼變，都變不出唐僧給孫悟空劃定的那個圈子，七情六慾，四處崩潰，像受了魔鬼的指使。說學生庸俗、說她們寡廉鮮恥，都不合實際情況，因為在缺乏遊戲規則的社會，她們這樣強調相貌，把看得過去的相貌一下推到了前臺，倒還真是「打蛇打七寸」呢。

又四川網路線上消息，某日下午二時，糖酒會形象小姐選拔復賽在跳傘塔某廣場拉開帷幕，一百五十名佳麗為進入決賽圈展開角逐。據悉，決賽產生的冠軍將得到日薪萬元的促銷機會，這也是歷屆糖酒會前所未有的天價。昨日雖然冷風颼颼，但隨著美女們的相繼登場，現場活動氣氛持續升溫。據瞭解，參賽選手來自全國各地，超過一半的選手是各大專院校的學生。經過十多輪的角逐，直到八時許，始決出五十名選手進入決賽圈。糖酒會文化活動組委會此前一天對外公佈了形象小姐的「身價表」。據悉，其價格與漂亮程度密切相關，而且按天計價，其中，獲得最佳單項獎的形象大使日薪八百元，十佳形象大使日薪一千元，亞軍六千元，冠軍高達每天一萬元……

「明星」佔有的知識、技能、甚至美貌等「自然資源」只是其擁有的資源的很少一部分，為其攫取財富的更為重要的因素是大眾的「注意力資源」。然而大眾所注意者，正是外貌等浮現在外的先天生理特徵。注意力經濟對傳統的所謂「酒好不怕巷子深」、「埋頭拉車不問路」、「響鼓不用重錘」等等傳統的與「注意力經濟」背道而馳的觀念，客觀上是一有力的反駁。注意力經濟的思想，最早出現在對大眾媒介的分析之中。美國傳播學家麥克·盧漢早前指出，電視臺實際上是在租用我們的眼睛和耳朵做生意。電視臺購買大眾注意力的投入，是要製造我們愛看的電視節目，而我們是用注意力來為看節目交費。我們交給電視臺的注意力，就成了電視臺巨大的資源，然後他們將這一資源高價賣給需求這種資源的人（需要做廣告的商家）。對於生產商來說，做廣告就是在高價收購注意力。

虛榮心與物質社會

一戰前後，歐洲的貴冑以及美國的上流社會，男的莫不捲入政治旋渦和金錢之爭，女的則著意於打扮化裝，尤其熱中於寶石、鑽戒。林行止先生以為，此間大有經濟學的原理在裏面。因為通過對相貌和身體的修飾，在社交活動中表現出她們的消費傾向，一位不事生產的貴婦佩帶價值連城的鑽戒，或駕駛限量生產的名貴房車，則以炫耀向別人傳遞聯想，由於丈夫的財產不是其本人體現，而是由其妻子兒女身上間接反射，異常，這又稱為「代理性消費」。其底蘊，乃是由於虛榮心在物質社會中掛帥使然。外邊的裝飾表現其社會地位，於是代理性消費遂成氾濫之勢。

現代人相較於古人，在男女問題上，明顯有時間經濟學的因素參酌其中。舊時代生活悠閒，有足夠的時間區段供人們傾訴衷腸，詩詞文章繪畫……表達心情，從容等待，以期水到渠成，甚至上升到哲理高度的談玄。現代社會的生活空間大為密集，容不得閒廷信步，情愛慾望首當其衝，不得不採取速戰速決、快刀斬亂麻的策略，此乃下意識的感到時間的寶貴，因為時間已成為無形的罕有的商品。是故，現當代人對異性相貌的觀察，也自然增加迅捷的處理，儘快的付諸行為，此較古代為甚。

清代的私刻本小說《定情人》寫到一個婦女，手了人家的聘禮，知道要將美貌女兒嫁與公子，「想著這個好女婿，自然窮不了，就歡歡喜喜」，她女兒也「甚是貪愛」。美貌經濟學，自古而然。

同在這本小說中，對美與醜影響人生的行為有詩來表達：「野花強竊麝蘭香，村女喬施美女裝。雖然兩般同一樣，其中只覺有商量。」醜經過裝扮粉飾，向美靠近，其背景也是向財富靠近。但人的生物本能卻固執地分辨出兩者質地的區分。

商業性選美和生物需求

招聘會上以寫真集為突破口的女生，是否真的願意做此出頭鳥？尚難以斷定，不過她在內心認同或接受了社會的潛規則，是無疑的，人性規定了，誰也不樂意從事低賤職業。那一種不成文的社會資訊，是別一種的誨人不倦。大半還是無奈為之的吧。從另一側面看，生存競爭，也端的是於今為烈。性格溫和的南丁格爾，曾經就婦女的失業問題，大為光火，她甚至給她們爭取了相當的高薪，也沒有多少人來應聘，其原因，可斷定乃女人懶惰不願做事而已。那時正值戰爭期間，可是，生存競爭還略有溫情脈脈的面紗，拿寫真集來找工作，在她們，確乎是「做夢都沒有想到」的吧。那時候的婦女，追求的還是精通一門技藝，來應付某種職業，以求體面地養活自己。

婚姻與相貌經濟

社會的價值真空導致人們行為上沒有價值依據。幾十年以來，傳統的尚有生命力的道德規矩遺失殆盡，同時又拒絕了西方的價值觀念和宗教意識。於是國人恐怕除了錢，什麼也不信了。人們就像無頭蒼蠅，到處亂撞。什麼新鮮、時髦、刺激就做什麼。中青年人尤其如此。這樣一來，著意相貌這種較為淺層次的、較為表皮的人物識別法，就從慾望的海底，左衝右突，冒出前臺。

相貌總是一般性的居多，商業性的選美包含了人們的多種欲求。經濟規律顯示，當一個消費者需要某種商品或服務的時候，市場自然回產生供應；當需求量增大，消費者人數增多時，該物品的價格就水漲船高。美貌在每一代人中，只有一定的定量，不會太少，但也決不會氾濫。歷年的選美是特殊商品的再生產，其消費形式和過程都相當特殊，在自由和奴役之間拉鋸。但其性質，和市場規律並無二致。因為人性在那裏墊底，價格多呈居高不下之勢，消費者除了以婚姻形式固定以外，尚有動機複雜的種種特殊消費形式。

美女甚至將尋覓丈夫作為衣食的來源，消費品的供應倉庫，或社會地位的基礎，以美貌作為資源，來尋求依賴，事實上已發展成為一種事業——為變異了的生活所進行。英國作家格里麥斯頓，當中世紀的時候，他就說：一個美麗的女子是眼睛的天堂，錢袋的練獄，靈魂的地獄。「燕雀安知鴻鵠之志」，要曉得她們的心理，看來還要「活到老，學到老」。

中國舊時的婚姻是媒妁之言約定，那麼，他們對醜陋的妻子或至少不滿意的對像如何處置呢，也有打算的。諺語說：「娶妻為其德，擇妾為其顏。」總之，有的是辦法來轉圜調節。

婚姻中的相貌比重如何？古人早有言之：「以色事人者，色衰而愛馳。」《史記・呂不韋列傳》：「婦人所以事夫者，色也。」晉代的女詩人謝芳姿在她的《團扇歌》中說她已經憔悴不堪了，不是舊時候的漂亮風姿了，沒有信心和心上人相見了，面容一變，心理都脆弱不堪承受。最直接的是漢代的李夫人，她說：「上所以攣攣顧我者，乃以平生容貌也。」在此，容貌就是出身，就是身份證，就是通行證，就是獲取恩寵的利器。

這樣一來，「君生日日說恩情，君死又隨人去了」，也就不奇怪；為什麼呢？因饑餓要溫飽，因性惡要享受，也就必須受到經濟力的制約，在社會中，這是多無奈的「雙向選擇」啊。

相貌與婚姻怪態，他爲什麼選擇醜女

諸葛亮擇婦的故事值得揣測。諸葛亮是何等睿智之人，他對相貌的研究實開曾國藩相人的先河。裴松之注釋《三國志》，記述一奇事，說是有一回，曹操派遣刺客刺殺劉備，他裝出有學識有奇略的樣子，拜見劉備，談天下大勢，很得劉備的贊許。那刺客正要有動作的時候，諸葛亮也進來了。那刺客頓時相當的不自在。諸葛亮於是曉得他有問題。刺客無法，起身去上廁所，劉備說，這個人是奇人，他可做您的助手。諸葛亮歎息道：「我看這個傢伙神色頗不平靜，深心恐懼，眼睛往低處看，掃來掃去，而且他的面容有奸詐的消息，說明他心中有鬼。一定是曹操的刺客。」於是派人緝拿，誰知那人已經從廁所越窗逃走了。

關於諸葛亮的婚事，因他娶了名士黃承彥「黃頭黑膚」的醜女，而被傳為佳話。諸葛亮本人氣度雍容，高貴從容，「身長八尺」，難道偏偏對醜女人情有獨鍾嗎？實則他可能有出於政治的考量。他來襄陽後建立起來的人事關係，與當地豪強勢力聯姻應是迫切需要。他和荊州牧劉表統治下的襄陽的兩派豪強勢力都建立了密切的關係。黃承彥是當地名士，和劉表家族有千絲萬縷的親戚關係。這種關係即其政治資源，也是他的資訊源泉，為他觀察分析形勢，瞭解天下大事提供了得天獨厚的條件。

黃承彥的女兒是歷史上有名的醜女，和無鹽、嫫母等齊名，諸葛亮的不嫌棄醜女，還跟他大處著眼的人生觀有關係。早在他的青年時代，和他一起遊學的幾個青年朋友，讀書重細節，諸葛亮笑話他們，說是他們只可以做中等的地方官，而他自己，觀察天下大勢，不斤斤計較於細節，心中自有把握。這也影響到他的婚姻選擇，也許他對生理的面貌就不大在意，那不會對他的心情有什麼大的影響。相反，凡夫之女，就算有美貌，諸葛亮也不見得會迎娶的。

一九一七年的宋美齡也算是「海歸派」，她以家族的財力與強人蔣介石聯姻，也造就了豪門政治權力中心。無數「海歸派」投到蔣宋門下，攜帶他們的人生期望，他們飽受西式教育和文化薰陶，卻也善於利用知識、地位、軍力和權勢搜刮民脂民膏。

宋美齡有著與生俱來的聰明、美麗、舉止優雅，當時真是聳動視聽。一九四〇年代前期她在美國國會演講，向民意代表陳述中國抗戰的艱難困苦，以美貌和情調盎然的口才征服了美國人的心。從而爭取巨量的美援。她最大限度運用了美貌經濟學。她建立收容陣亡將士的國軍遺族學校，並為之奔走，然而她自己也終生享用過度的豪奢。返國途中，她裝滿高級化妝品、皮服睡衣的箱子佔據運力緊張的美軍飛機，曾引起美軍憤慨，將散落出來的貴重行李踢來踢去。

諸葛亮與鄭孝胥背道而馳

人的第一要義是要生存，自由的生存，因為自由是生存的意義所在。所以就經濟的考量而言，年輕男人思索的前程和事業的打算之際，青年女人則在盤算她們能嫁一個什麼樣子的丈夫。可是為了達到這有目標，很多時候卻是以失卻自由為代價，當中有多量的矛盾糾結，最是不自由，也就自由了。米蘭・昆德拉說：「女人不找英俊的男人，而找那些與漂亮女人在一起的男人。」這是天性裏面的蹲點偵察所獲結果。相貌美是女人最具兌換力的資產，它可以用來換取社會地位，換取金錢，甚至換取愛情。但這份資產依賴於一具會逐漸朽壞的軀體，所以這是一份既可利用又將失去的資產。容顏的美麗，如同扳機扣動時的一道閃光，像精緻優雅的一瞬間的平衡，又像迅速一頓的後挫力，其短暫性是令人無可奈何的。

相貌對人生的影響，主要是作用於人的心情，或正面促動，則善莫大焉；更有負面影響殺滅人心，殺滅嚮往，甚至因心情的惡劣給人生造成重大跌落的，那就悲不自勝了。錢鍾書先生《石語》記述民國老詩人陳石遺老先生對此事看法，很值得今人記取。陳老先生贊成結婚戀愛用新式自由的交往，認為這樣瞭解全面，以舒解包辦婚姻造成的種種矛盾，包辦婚姻也有好得不得了的。但那就像買彩票中大獎一樣，機會太少了。他說當時的社會大人物、名流鄭孝胥相貌堂堂，但他的妻子是一淮軍高級將領的千金，她的相貌有多醜陋呢？——很醜：她的頭髮差不多掉光了，小腳有點瘸；身體矮短，臉上都是麻子，她的性格更兇悍沒誰惹得起。鄭孝胥每天半夜就起床了，假裝說是鍛煉身體，以備指揮軍隊為國所用，實際上呢，他是跑去和那漂亮的小妾共枕同眠去了。此事情也為他那醜妻偵知，酸酒力大，妒妻氣大，於是破口大罵，難聽的髒話越過大宅院的上空，給別的人家都聽到了。社會上認為，家裏面的事情，都如此糟糕，怎麼去治理國家呢？這是相貌影響心情，釁制人生的一個顯例。諸葛亮說：「我本是臥龍崗散淡閒人」，鄭孝胥們怎麼做得到呢。

從體貌上來講，陳老先生以為，女人的身軀不能太嬌小，太嬌小的女性，不美且不說，中年以後，還會發胖，呈現肥而圓的形狀，那也必然影響心情的。

女人，普遍而言在經濟上是男人的附屬品，一方面男人要炫耀自身的高超的社會性，另一面，從異性相吸的生物性上講，美貌更顯得非常重要。它使得女人更易博取男人的愛慕，更易促使男人將其經濟社會資源獻出共用。即便雙方才、財相當，也在細微的差別之外，由女性的年輕貌美作為補償。所以這樣的姻緣合乎世俗小老百姓的理想。

在婚姻中，一般認為美貌所起的作用總是負面的，當代南非的詩人坎貝爾以為，翻譯就像妻子，如果有幾分姿色，那就很少有忠實的。這是說文學翻譯，直譯的不可能，和翻譯中必須變通的事實。同時對人性揭示，也頗為中的。為什麼呢，也是因為，在經濟社會中，美貌和人的生物本性聯絡在一起，異變為一種極為特殊的商品，商品的本性是要流通，於是和道德產生了難以彌補的巨大鴻溝。在此美貌好像一種有機物，自我活躍起來，不大聽道德的指揮。

這一種女人潛意識中將自己標為出售品。提高婚姻的前期偵察，在婚姻中得到「工資」。她關心的是這個男人的財產，而不是他本身。只要有機會，她便將自己轉售給更富有的男人。她願意被豢養，卻永遠也不會馴化。她們一方面極為懶惰，一方面又為了保持懶惰要非常勤快：勤快地尋找婚姻的投資，哄騙男人來供養她的生涯。她們永遠都會因地制宜地「摸著石頭過河」。

吸引力強大的女人，除了光彩奪目的外貌，好學多才藝、機智的對答，更使其成為大眾媒體和世人的目標。

貧寒的美女，經濟的魔杖

英國的諺語，很明確的說：「出身貧寒的美女，她的情人總比丈夫多。」在「階級社會」出現以後，經濟魔杖的調劑作用，以及人的生活方式的宿命。當然，這一切，也是冠冕堂皇的，女性不願做池中之物，巴爾扎克說沒有一個作家寫得盡金錢社會下地罪惡，誠哉此言。財富總是掩蓋罪惡，窮困則像別針一樣赤條條的，此一點，不難解釋貧家的美女，情人多過丈夫的原由了。無情最是黃金物，變盡天下兒女心，是的，沒有什麼東西能像金子一樣融化女人的心。這樣一來，人們似乎很難浪漫起來，事實上也是這樣，浪漫只是我們的一種嚮往，現實中缺少的，大都轉移到紙上去想像去過癮去了。

事實上一般的社會心理是，一個當妻子的為了被人養活，就做了一筆永久性的性交易；

而一個未婚的女人因此也必須做同樣性質的臨時交易。無論中外，離婚的要求贍養費，就意味著婦女在經濟上一籌莫展的觀念。美為哲學家所沉思，卻由色情畫家來加以表現，這不能不算是一個絕妙的反諷。美表現為肉慾，又表現為想像——兩者在美中平分秋色。美將女人引到一個男人需要她們的地方——這不僅是政治權力結構的需要，也由經濟權力在起作用。

昂貴的男女遇合

魯迅說：「喜怒哀樂，人之情也，然而窮人決無開交易所折本的懊惱，煤油大王那會知道北京檢煤渣老婆子身受的酸辛，饑區的災民，大約總不去種蘭花，像闊人的老太爺一樣，賈府上的焦大，也不愛林妹妹的。……倘以表現最普通的人性的文學為至高，則表現最普遍的動物性——營養，呼吸，運動，生殖——的文學，或者除去『運動』，表現生物性的文學，必當更在其上。倘說，因為我們是人，所以以表現人性為限，那麼，無產者就因為是無產階級，所以要做無產文學。」在這裏，魯迅強調了人性中的兩個不同的側面——不帶階級色彩的普通的動物性和與經濟地位相聯繫的階級性。災區的饑民中，一般不大可能養殖植欣賞會蘭花；但生活中各式各樣的「焦大」，由於千奇百怪的原因，也有愛上「林妹妹」的。

勞動人民出身的僕人愛上嬌小姐的事例，或者公子哥愛上年輕美貌的丫環的事例，卻是屢見不鮮的。曹禺名劇《雷雨》中周萍、周沖與四鳳的愛情關係，即是顯例，童話中這樣的故事就更多當然，事情的結果，還是往往以經濟的制約而走上了悲劇之路。

美色與人的天性

魏明帝時期的吏部郎許允，他的太太阮氏容貌奇醜，剛結婚他就成了一個不回家的人，家人憂慮得很，一天有客來，阮氏令丫頭看之，原來是大司農桓範，阮氏知他會勸丈夫，果然，他勸說許允：人家嫁人給你，總是有理由的。這位許兄，便走進裏屋，一看之下，還是沒有吸引力，轉身就走，他太太果斷攔住他。許兄有氣，便問：婦有四德（婦德、婦言、婦功、婦容），你有什麼呢？他太太說，我所缺乏的，只是容貌，然而士有百行，你有什麼呢？他說，老子都有，太太說，百行以德為首，你好色不好德，啥叫都有？許兄當下愧怍不已。以後他們即相互敬愛了。

這是世說新語卷十九的一則故事。相貌美醜乃先天既成事實，不能自己選擇，古代智識者用心良苦，拈出這一故事，大加褒揚。老許愛美厭醜，先是那樣決絕，經一番簡單的思想教育，毅然轉變，來得太突然，實乏說服力，此事古人極稱之，曾多方轉摘渲染。

與此恰相反的是許指嚴的《金川妖姬志》，紀清代雲南剿匪事。蠻女阿扣，先嫁一匪首，以美色使眾匪首鬥。然後令前來剿匪的大將軍岳鍾琪（曾靜案告密者）神魂顛倒；復使督軍的大學士訥親、雲貴總督張廣泗沉醉迷瞪、著魔般癡念燃燒。此三人為阿扣展開了老謀深算的勾心鬥角，奪來復去，去而復奪，密謀暗室中，運作深山裏，刀光劍影，險像環生，剿匪反而成了他們打擊政治對手及情敵的手段。一番目不暇接的反覆曲折之後，事情鬧到清高宗那裏，總督及大學士人頭落地。此前風聲走漏，朝廷對之即有道德勸慰、功名期許，然而效果只等於零。他三人明爭暗鬥期間，妖姬阿扣得了空閒，又在各土匪部落間挑起戰端。她相貌如何呢？「阿扣絕豔，兩頰如天半蒸霞，膚熒白為番女冠，有玉觀音之號。」可見，妖豔罕儔，尤物移人，實具有一種惑陽城迷下蔡的魔力。妖姬顛倒眾將相；美人英雄，他們為「無毛兩足動物的基本根性」所左右，造成可歎可悲的種種歷史事實，古希臘美女海倫，令特洛亞人見者心醉，兩國之間為她打開戰爭的沉重大門，狀如瘋魔。妲己、褒姒，亦如天仙下凡，影響當時政局漸變。柳如是「姿韻絕人，錢宗伯一見惑之，買為妾」，河東君假如跟許允太太一樣「奇醜」（殊不可想像），那麼，即令她一樣才華橫溢，一樣饒於氣節，她對錢牧齋還有何影響力？只怕不產生心理膩煩就謝天謝地了。

看這些活報劇，更覺許允兩口子的事不可信，他的思想轉變心悅誠服尤不可信。設若將《紅樓夢》中林黛玉一角改為醜八怪，其餘一切描寫不變，則該書之「典型性格典型人物」還有成立的理由嗎？後世還會有什麼「紅學」嗎？大偉人還會說「起碼讀五遍」嗎？十年浩劫中四凶教唆紅衛兵小將，好像他們才是得道的聖人，小將好訣，遂與美有仇，其戰報說：「資產階級老兒們，絕不允許你們梳大背頭，穿牛仔衫到處放毒，絕不允許你們抹著夜來香、擦著香粉、穿著牛仔裙、高跟鞋到處亂竄。」打壓本性，出於無以復加的變態，仇視美的後面，是烙印般深刻的嫉妒，適從反面證明美的力量及人類惑於美的天性，其兇神惡煞，實由內虛而起，倘不加有力扼制，任其燎原，必然發展為無底的殘忍。此也證明文革「思想教育」之失敗。

《參考消息》轉法新社倫敦電，謂英國史家研究認為，令凱撒大帝和安東尼神魂顛倒的「埃及豔後」克婁巴特拉實際上是個小矮個兒，身體肥胖，容顏醜陋。

後世有伊莉莎白・泰勒，費雯麗及索菲婭・羅蘭，這些明星們以其絕色美貌在銀幕上塑造的古埃及女王形象實際上大大美化了女王本人。史家確認以前以為屬於別人的十餘尊雕像，實為女王本人，其外貌實令人無法恭維，因此斷定，「她的令男人瘋狂的美麗是個難解之謎，也許基本上是胡編亂造」。可見所有的迷醉和眩惑都是後世文人的幻想和明星的絕豔風姿在起作用。像費雯麗，她的百變纖腰、慧黠的大眼，精緻的臉龐；赫本，美國人視她為「無可比擬的美」，如「一顆切割完美的鑽石」。這些上帝的傑作，不知顛倒幾多芸芸眾生。面臨其美的神秘「資訊」，人是如何傀儡般不能自持。

二〇〇三年一月二十七日《參考消息》講世界最大的互聯網搜索引擎（google），它支援的八十多種文字，每天的搜索量達到一億五千萬條。其中最多的搜索詞條是：性。與性有關的搜索在每天晚上十一點又達到第二次高峰。有顏色的顯示幕上，這方面的詞條「彷彿在燃燒」，人心的欲求，於此可見一斑。

佛家「九想破六慾」，把美色和人的結局說得很糟糕，但也是事實；不過在終局到來之前，人為其「自由意志」所驅使，美色眩惑，傀儡般演出幾多悲喜劇呢？至於「能頂半邊天」的女人，似乎在以其一得之愚——他們自己的方式向男人搞「專政」，其實不過是天性的發揮罷了，「思想教育」云乎哉！西人於此深有提防，遂對政客的聲色之好以能動的機制約束矯正之，他們不大做什麼思想工作。

《源氏物語》第四十三節寫到：「二女公子相貌也很嬌豔優雅，其端詳又勝於乃姐，是個絕代佳人。紅梅大納言想道：若將此女配給尋常之人，實在萬分可惜。如果勾兵部卿親王來求婚，倒可使得。」這個心理描述，可見第一，美貌具有較高的社會價值，因不能和尋常之人結合；第二具有較高的經濟價值，其眼光放置在親王以上。

紅顏薄命，但也不儘然

中文是世界上極為靈妙、玄妙的文字，常常是幾個簡短的字詞、成語、典故，就能將事物形容得淋漓盡致、恰到好處，觀者讀者神而明之，心領神會，欣然獨笑。譬如說「紅顏薄命」，只不過四個字，卻能讓人明白凡是美麗的女人命運都不太好，不是命短，就是遭遇坎坷，反正命很「薄」就是了。其實從亞當夏娃的墮落，我們就看到這雪上加霜的貪戀之罪。

紅顏薄命，自古亦然。小說、戲劇，或歷史記載，以至現實境況中，美人的命運多半悲苦，貌美態佳，人人垂涎，而致身不由己，像物品一樣被人奪來奪去，滿心創痛，委委屈屈地過一輩子。還有她們永不放棄的「愛」，她們所要尋求的生存意義、人生出路。再不就是美人嬌弱，深閨多怨，感情波湧，常常是爆發性的哀慟，敏感多疑，終至香消玉殞，一命嗚呼。

旅美名作家趙淑俠女士深有感觸的說：古時候的紅顏的確命運悲慘的居多，像西施、楊貴妃、崔鶯鶯、董小宛、林黛玉，都是命薄如紙的女子。現在男女平等，在很多方面，女人和男人有一樣的機會，既社交公開，又有求學、就業、戀愛、婚姻的自由，照說該沒什麼可以「薄命」的理由了。然而事實上，現代還是有不少薄命的紅顏女子，像電影明星林黛、樂蒂、白小曼，命還不夠薄嗎？而且不只中國有紅顏薄命的女子，外國照樣也有，譬如說好萊塢的紅星瑪麗蓮夢露，美國甘迺迪總統的遺孀賈桂琳的第二任丈夫、希臘船業大王歐納西斯的前妻蒂娜和她的姊姊，都是頂尖兒的美人，也都在感情一再受打擊之後，自了殘生，是典型的紅顏薄命例子。這是指有名望的「紅顏」，其實沒有名望的「紅顏」，默默含恨而終或淒悽楚楚挨日子的也有的是。

她說：今之社會男性貪婪、佔有欲強烈、缺乏含蓄優美的人生觀，乃是因為他們見到美女，往往不能以欣賞藝術的心情遠遠觀賞，而頓生不能遏止的佔有慾望，力求據為己有。

至於美女們呢？因為一向被人注目、讚美、傾倒，就難免不產生一種「美麗的自覺」，覺得：我是美麗的，是與一般相貌平平的女人不一樣的，我的條件比她們好，我的生命比她們更有意義。也就因而不自禁地產生一種「特權」心理，潛意識地以為高於其他的同性，對人生的收穫有權力做更高的要求，並且自信有能力也有資格去爭取。

基於這種心理，相貌出眾的女孩子就顯得比一般女孩子的野心大、慾望多，要憑藉出眾的容貌，爭取更豐富的人生。

在這樣的情況下，對人情世故不太通達，對人生閱歷還嫌欠深的「淑女」，常常會被弄得眼花繚亂，不知所從，加上因美麗的自覺而產生的特權心理，就很容易忽略了真情，便宜了其中最善於造作、言過其實、老謀深算的滑頭，或是受不住現實條件的引誘，乾脆就任物質征服。做這樣的選擇，「薄命」的條件就已具備了一半。

趙淑俠說：如果男人們看美女，能以欣賞藝術的心情、眼光，本來是極高雅的意識，但摻入那麼多成分的佔有欲和貪婪，就流於庸俗了。至於那種利用有利地位，覺得「玩玩」有求於他的美女是「無傷大雅」的，「自然」之事的男人，就比庸俗更壞千萬倍，連「下流」都不足以形容他們的心態。那是一種不知羞恥、殘忍、與野獸無異、只為滿足個人私欲、毀壞別人的自私行為。這類男人在社會的某個角落裏特別多，偏偏一些美女們又恃自身「本錢雄厚」，野心勃勃，偏要到那個角落去探探險，以求獲得大名大利，正好把自己送上門去，給「野獸」做捕獲物，這也是為什麼現代薄命的「紅顏」，總出現在某些固定圈子的道理。

性政治，乳頭與拳頭，臉盤與地盤

曹雪芹巨著《紅樓夢》中，賈寶玉就男人和女人發議論：男人是泥做的，女人是水做的。泥做男人喜歡水做的女人，泥與水混合，男人沒有因水的清純變得潔淨，女人卻因泥的混濁而受到污染。

「英雄氣短，兒女情長。」男人們酒足飯飽之後，心思多在動物性的開拓上面。愛美之心人皆有之，但美人大抵屬於稀缺資源，就像豔麗的花朵，需有開花的條件。皇宮自不必說，宮廷之外，達官貴人、巨賈富豪的床第也是美人雲集的地方。這倒永不會有崩盤的時間表。

所以說，金錢隨時都可以打造出新的奴隸制。

有權者與有錢者貪戀美色，因此而損了錢財，丟了江山，於是埋怨道：女色是禍水。其實這也怨不得美人，「天下熙熙，皆為利來；天下攘攘，皆為利往」。利益的誘惑幾個能夠抵擋，何況弱女人。

美人天生麗質，自然是一張王牌，以此做「通行證」，八仙過海，各顯神通，往往暢通無阻。只是這張王牌的期限太短，一旦人老色衰，便不再靈驗。加之男人對美女的欲求太多，令美人們提心吊膽，甚至互相惹出些是非來。於是美人自歎：紅顏多薄命。其實這也怨不得男人，原本他們就是周瑜打黃蓋，一個願打一個願挨。

當然，這並不是什麼新鮮時尚，只要佔據了一定社會地位的男人，總要在女人的相貌上打主意，一來是生物本能的享受，一是可以誇耀於人。男人十年寒窗頭懸樑錐刺股三年不窺園的動力，相當的動力來自「書中自有顏如玉」。中世紀的英國詩人湯瑪斯《歌集》中寫美女，「她臉上似有花園吐露芬芳，彷彿天堂麗色，孕育無上甜美果實。純潔的櫻桃自由生長，無人能買，直到它們自己逐漸成熟。」這是將美貌比喻為食品的一個顯例。並在美色面前不能自持，即見美的力量從生殖出發，從天性出發，不請自來。

那些指望娶個光彩照人的老婆以撐面子的男人，用盡渾身解數，心力交瘁。很難說清楚這種現像是美人設置的還是男人自投羅網。但正如任何不是奠定在愛情基礎上的婚姻都是畸形和短命的一樣，僅僅以美人為「花瓶」，那它就會同美人的紅顏一樣轉瞬即逝難以持久。

年老色衰是不可抗拒的。縱然你有閉月羞花之貌，終究難逃「後來新婦變成婆」這鐵定的結局。而對一個美人來說，從美到不美所經歷的失落期將更加殘酷，因此她會更加善自珍重。更多的人還是在運用青春和美貌，當饑驅寒逼之際，她們不惜一次性的「拍賣」，或者多次的「零售」。她們在這種交易中顯得那麼匆匆忙忙，那麼迫不及待，彷彿「機不可失，時不再來」。她們簡直有點「不借血本大犧牲」。

雖然女性首要是注重男性的經濟地位，但在溫飽無虞之後，其生物性也會不由自主的表現出來：美國有一家雜誌針對電影《桃色交易》中勞勃瑞福飾的富翁花一百萬美元買良家婦女黛咪・摩兒一夜春宵提出調查：「你願不願意接受這樣的條件？」結果有八〇％的美國婦女回答：YES，如果對像是勞勃瑞福的話，不要錢都可以！

臺灣省報紙的當代女性調查：你希不希望在旅行中遇見白馬王子（姑且不談遇見以後做什麼）？絕對有超過八〇％的女人舉手說：YES，先不要想入非非，有沒有結果都可以。旅行中期待豔遇，是對出軌的一種浪漫遐想。萍水相逢的戀情令人快樂的原因就是不必有責任感。

但凡一個俏佳人，不管對你是垂青放電還是大翻白眼，她總是喜歡你想她求愛。因為那是美貌被承認的一種證明，而他們總是喜歡得到這種證明。如此執著，乃因不想將其人生走成一步死棋。

美人與權力的管道，怪態與常態

臺灣小說名手李昂近作《北港香爐人人插》，前些年在臺灣《聯合報》副刊連載，文章刊出後，馬上引爆兩個女人的舌戰，從辯白詰難到反唇相譏，極牽人視聽。

李昂這部小說，以臺灣環境為出發點，探討被壓制下的反對運動，內容涉及生命、性別、死亡等議題，但引發爭端的，卻是「女人的性和身體作為取得權力的管道」這中心思想。七情六慾崩潰，解構多少冠冕堂皇。該書的一位女主角與民進黨一女性政治人物太相像，因此，小說甫一見報，各界爭相傳閱，上至政壇大佬，下至普通小吏，也紛紛拿起報紙，貫徹奇文共賞一說，一時洛陽紙貴。

是這樣，平時看慣了一般小說的我們，不免驚訝李昂小說的種種奇崛之處。人是無毛兩足動物，因此具有動物的一切基本根性。以其為高級靈長的特點，故又超乎一般飛禽走獸，正看當然高尚，反觀又適見其卑污。現代國家的行政吏治，按說早已寫入堂皇之規章，而事實上交換才是內裏的鐵則。這種交換又以慾望、權力、美貌為底色。小說家所揭示的這種取得權力的管道便是交換貿易的重要的一種。一流小說，以其完全的虛構來揭櫫徹頭徹尾的真實，起一種鏡鑒的作用，正不必看作針對某一人所下的譏刺，而是以政治人性不良為對像，其獨具隻眼，有羚羊掛角之妙。人有毀譽之論，不才則以為不在表像而在內容。天下可痛哭之事甚多，而莫過於用人吏治的無規則，作家批評人性不光彩的一面，描寫又帶著刺激性，自然引起爭議轟動，至於現實中為小說而投入紙上罵架的孰是孰非，豈不是某種形式的自供狀麼？個中曲折，本已昭然。筆者只有說一句卑之無甚高論了。

可見，「香爐」也有參政權：性與政治兩位一體。李昂的《北港香爐人人插》，那位女主角在政壇公然招搖她的「性自主」，也引發了女性參政的焦慮。報紙評論家有說負面影響的，有歸諸窺密炒作的，有責怪某個男人不早早「出面負責」的，還有認為關注焦點應在女政客的問政能力而非身體情慾的。

其實此事既和古來的傳統一脈相傳，又在現代新的環境下有了新的改進，市場的開發和社會遊戲規則的市井化使得男女身體的趨勢，於政治和性無可分割。

在媒體將身體拓荒的時代，電視鏡頭的照射下，政治人物的外貌、裝扮、舉止都為眾人所矚目。即使在男性政治人物中，因性的魅力而獲得政治實力亦非新事，美國總統甘乃迪的魅力外貌和青春身體，或是馬英九英挺的面容和背心短褲下的厚實肌肉，無形中贏得好感和選票。

自古希臘開始，政客的口才就是群眾政治的要件，現在則又多了身體的性魅力，這個變化其實對女性從政更為有利，因為女人通常比男人更用心經營身體。女性政客在政壇上崛起，除了她們本人的能力之外，其身體操作了媒體時代視覺的「性」政治，其裝扮舉止的情慾內涵與其政治影響力相映襯，都是不可忽視的重要因素。這種身體政治不但重塑了政治，也使得女人反客為主。新崛起的女政客，發動情緒化的語言，以露背裝、迷你裙、修理一新的面貌攜帶情慾實踐前來參政——那本身就是一款形象的「匡時之文」。

政治人物的相貌在其當政之際，也和他的政績一樣，隨時進入人們的視野，前美國副總統戈爾，一度突然蓄鬚，於是那也成了熱門話題。紐約時報說他看起來像一個在逃（逃避稅局追緝）的會計師，另一家報紙則說他，此舉的目的在於掩蓋他落選後暴飲暴食臃腫不堪的面頰，還有的說他如此一來反而輕鬆自在了，也不那麼木口木面了。

「北港香爐」事件隱含這樣的事實：女性從政追求政治平等的同時，也必然包含情慾平等的追求，由追求情慾平等上升到追求身份的平等。性，政治，人性三位一體。對於李昂小說中的斷言「我的性就是我的政治」的林麗姿而言，她的性解放和她的參政權根本就是同一回事。只是在她那裏相當直接，在舊時代，相對的隱秘曲折而已。

美女鑒賞：內涵和外在

晚清之際，有的知識份子相信，無論他維新也罷，守舊也罷，那有個錢字總逃不過去的。那時有個省級的官員，高升了，他的同僚都來道賀，說是恭喜！也有平素和他不對付的，就在一旁嘀咕，說他是靠老婆的本事，求到美差，那算什麼能耐。原來他的太太為一時罕有的美人，臉盤子異常的姣好，這就成了攻無不克的秘密武器，又是個老慣家，安心演出了一台大戲：善鑽營深信老奴言，假按摩巧獻美人計。當下裝扮起來；把箱子裏的衣服揀最好的穿上，外面輔以紅裙、披風、朝珠、補褂，然後打開鏡子，細勻鉛黃。這一點又可看出，化裝實多為了交際之用，那獨自化妝孤芳自賞的倒還少見。然而女人既有此秘密武器，它們除了為男人所用之外，也不免對權力情有獨鍾；到現代知識大開，恍然醒悟，終於自己把自己當資源開發了。於是，我們在李昂等人的小說中，就看到女性以美貌攫取權力，這事的通俗說法是，以乳頭戰勝拳頭，以臉盤取得地盤。不在為男人所用，而是自己為自己所用。她們此時，大概也就不會再有「守著窗兒，獨自怎生得黑」的哀歎了。

可視的視覺的美在感官世界裏已經變得「至高無上」了……女性需要增強實力和更多的社會承認，文化經濟的交易也被甜美的嗓音、邀請的姿勢和迷人的氣息所左右所充斥，更直接的說是受荷爾蒙和利比多所吸引。在膚淺的時世，相貌吊詭得很。要想有男女的正常生活方式，則必待社會機制的公平競爭起點相同、必待民主制度的以人為本；那時候，女人的其他優勢能和美貌一樣獲得認可、帶來同等報酬時，女人才會享受更多美麗帶來的愉悅。

情愛的一個特點是潛意識狀態的交流，偷吃禁果前的天真，相貌所起的作用就是對此加以引領、牽引、蠱惑。當對對方真正有所瞭解之後，反而產生厭憎的情緒，這在男女都是一樣，所以常言說，男女因誤解而結合，因瞭解而分離。假如知道誤解還要結合呢，那麼在婚後，他們必然會出軌，即愛上與他們沒有婚姻關係的人，製造層出不窮的麻煩。上世紀初葉英國的婚姻狀況是「磚瓦匠們把妻子踢死，公爵們背叛妻子，一些小職員和小店主則割斷妻子的喉嚨。」那時的戲劇表明演員走上舞臺說臺詞：「我是一個已婚男人」，他就會把任何階層的觀眾逗得哈哈大笑。這樣的時分，法國一位元生物學家告戒男人「千萬不要因為對妻子有不好的想法而懊悔，她對你有著更多更惡劣的想法。」不幸的是，世上婚姻大多如此。更逗的是匈牙利裔的美國影星伽柏說：「我對性一無所知，因為我一直沒有離婚。」差不多可算是黑色幽默了。

關於美女的鑒賞，可從內涵與外在觀之。晚清的小說名作《九尾龜》寫美女的外在，最為奇譎詼詭，從曄曄照人的林下之態，到櫻唇半啟的嫣然一笑，從紅袖溫馥的佳人寫到青衫飄逸的名士，或凌波微步，或眼含秋水，或嫋娜依人，或淡掃娥眉……一個個聯翩而來，彷佛驚鴻照水，令人目不暇接。作者興味所在，是美女的外形，當然這就很有些目迷五色了。浩如煙海的詠物詩中往往不厭其煩的吟詠描繪美女的眉、眼、齒、頰、胸、手、頸、足……情緒湧動，佳句迭出。唐詩人韓渥吟美人之手「暖日膚紅玉筍芽，調琴抽線露尖斜」，描摹恰切，心眼細膩。杜牧寫腰的名句「楚腰纖細掌中輕」，傳誦萬口，於今不衰。

古人對美女的內在，同樣有獨到的品藻。明末吳中名士衛泳《綠窗女史》以為「美人是花真身，花是美人小影」又說：「美人有態，有神，有趣，有情、有心。神麗如花豔，神爽如秋月，神困頓如軟玉，神飄蕩輕揚如茶香，如煙縷，數者皆美人真境。」可謂得趣之人。讀書人未必不俗氣，然欲免俗，必藉讀書以成。古之美人，其有真境界者，必因讀書而得陶冶滋潤培養。蘇軾摩挲著肚皮，問一群女子，其中是什麼，一女說是文章，東坡搖頭，如小鳥依人的侍妾朝雲說是一肚子的不合時宜，東坡大笑，極為推重，把她看作紅顏知己。有內涵的女子，善於表達她自己的幽怨，朱淑真的「獨行獨坐，獨唱獨愁還獨臥」，王韻梅的「誰植芭蕉此夜聽，總是愁人境」。古今人情不相遠，我們體察這種心境，不免鬱結惆悵，難以冰釋。她們真是內外皆秀的人，唐代女子薛濤，則以為她的書籍每一本都有各自的氣味，摩挲這些書籍，就會想到與書有關的辛酸或愉快的經歷，同這樣的人交談應該是很有意味的，因為她是得到真趣的人，不像腐儒的語言乏味，面目可憎。今天的很多「文化人」，讀書很少有鑒賞的閒情，多是為了謀生或作參考資料，他們的「學問認識」，叫人想到毫無生氣的乾柴火，與古代美女的芝蘭氣息，原是兩個極端。

柳如是、李香君她們的文學成就更為人高山仰止，柳如是的詩雖不及錢謙益實大聲宏，氣色蒼渾，但她的詞卻高於錢氏。才媛淑女，風神豔雅，盛極一時。即使是遠在六朝的蘇小小，拂去歷史的煙雲，還似乎看到中古時期的浪漫。她善為古詞，「妾乘油壁車，郎騎青驄馬，何處結同心，西陵松柏下。」吟詠之下，心神為蕩漾。

時代的洪流捲走了古代的浪漫氣質，只剩下一股若短若續的細流。美女的氣質，越發衰減。今天交際場的美女，美則美矣，而其算計和作態遮蔽不了俗不可耐。誰還會像李賀那樣幽深地懷念蘇小小呢？及至把她想像成「幽蘭露，如啼眼」，淒美到令人起一種顫慄。

古代中國的窮書生討媳婦，曾有句老話叫「寧娶大家奴，不討小家婆」。它的涵意，我們一翻《紅樓夢》便可知一二。試問大觀園裏那些「大家奴」，像鴛鴦、平兒、晴雯、襲人等等不識字丫頭的風韻才情，哪是今天一些受過大學教育底小家碧玉，所能望其項背的呢？美女富於內涵，秀外慧中，如夜看朗月，一個重要的因素是真有能欣賞她們的人，傖夫俗婦，不能不說是扼殺美女的天敵。她們以短小篇什，傳其高秀情懷，是因為有知音真賞，不特秀色可餐，更兼領略氣韻，那種內在美的精神氣質。明代小品文作家張岱以為干將之劍固然是名劍，然而之所以成為名劍，端賴知己的珍愛，「識者的精神，實高出於作者之上。」也真是大膽的議論了。衣香鬢影之外，捕捉到的是時間長流裏的千縷鄉愁。

當今的大牌演員蘇菲瑪索與波蘭導演索拉斯基相戀十六年並未結婚。蘇菲瑪索的靈魂伴侶索拉斯基說：「不結婚才是保存愛情最好的辦法。」據採訪的記者說，只要索拉斯基一個眼神、一個動作，蘇菲瑪索馬上變得不太一樣；索拉斯基會對蘇菲的穿著言行及工作提出建言，索拉斯基似乎不光是電影當中的導演，也是蘇菲瑪索現實生活中的導演。在《情慾寫真》片中，蘇菲瑪索有尺度大膽的裸露演出，她為何如此「秀」出班行？索拉斯基表示自己是個幸運的男人，當年初遇蘇菲瑪索時她方齡十七，從女孩一路蛻變為成熟的女人，感覺是「一朵美麗的花在眼前綻放」，她外在的美實則是反映她內在的美；透過電影，索拉斯基要證明：蘇菲瑪索是當代最傑出的女演員，美貌之外有更深的內涵。

豔遇：女性對男人的相貌期待

很多人夢想美給予人一種高貴身份，這種努力多為後天得來，因為不可能先天賦予每個人。有一位歷史學家記錄了「二十世紀早期那些選美專家就美所發表的演說辭」，那些人在演講時都肯定「每個女人都是美麗的」這一說法。歷史學家認為這一說法對婦女有害，因為它們為婦女們樹立了一種不可能達到的理想，因而也是不負責的。有一些化裝品銷售成功，是因為其宣傳中告誡人們：「世間沒有平常的婦女，只有粗心大意的婦女，婦女應該強烈地渴望美，然後在精心選來的商品的襯托下，讓自己變得美起來。」

美國當代女作家安妮塔相信，任何名門閨秀都會認為，不戴珠寶去赴會簡直不可思議、也不堪設想。這種心理來源於對相貌的補充嘗試，任何美人或常人，都有可能對相貌信心不足，因此在可能的情況下，都願意補充調配。在《魯賓遜漂流記》中，「星期五」只是一個忠實執行決策的土人，他遵循魯賓遜的命令來造筏運糧，但「星期五」永遠不可能是舵手。對人性固執而言，其餘的都是「星期五」而已。

古代現代的化裝術，對容貌的巨大補充

在有限的生涯中，常葆美麗的方法，中外的古人多認為，有兩個大的基礎，那就是第一健康，第二有錢。

據古奇書《袖中錦》，至少在宋代的時候，古人審美，已經形成這樣的看法，即所謂婦人的三上三中三下，容易占得美的先機。三上是：牆上、馬上、樓上；三中是：旅中、醉中、日中；三下是：月下、燭下、簾下。這些都屬於化裝的延伸，屬於大環境的化裝烘托。牆上則可出可進，惹人遐思，馬上，有動感，著著牽引人的眼球，樓上，則隱隱約約，望之如神仙中人，更想一探究竟。至於旅途之中，醺然的醉態中，都有許多的空白待人冥想落實。月光燭光之下，那是朦朧美的最佳時刻，微小的瑕疵都可忽略不計。今之所謂白領階級的女郎坐在咖啡廳若有所思，彷彿一幀立體的油畫，也大抵不外利用環境，自造一種特別的氛圍。像徐悲鴻的《吹簫女郎》，周圍的環境朦朧深幽，人物面容的端麗也隨之加深分量。一眼看去，難以忘懷。但前人的生活智慧提醒我們，英國諺語：「越愛照鏡子的女人越不愛操持家務。」法國諺語：「不要在燭光下挑選亞麻布和女人。這都是很有趣味的。」

據說動物中，企鵝不大認得清楚同類的公母，公企鵝要證實某一隻母企鵝，它就扔一塊小石子在對方面前，對方果然是異性，就會接受石子作禮物，若是同性，它可還要發脾氣的呢。企鵝多可憐啊，而人類在異性的面目識別上，竟有那麼多希奇古怪的名堂。

《牡丹亭》所講述的故事：南宋時江西南安太守杜寶的獨生女兒麗娘為父母親管束、塾師陳最良教導，從未越軌，但心中也是熱情翻滾。丫頭春香發現家中有後花園，於是她第一次去花園遊玩，在梅樹邊柳樹下牡丹亭畔入夢，夢見一書生手執柳枝前來求愛，二人歡會。從此，她為相思所苦，一病不起，在中秋佳節鬱鬱而終。臨終前，她自描春容，並將夢中情景題詩其上，要求父母在她死後將她埋於梅樹下，並將描畫的青春美貌圖陪葬。柳生因此夢而改名柳夢梅。

杜麗娘死後，杜寶調任，留春香等替女兒守墓。三年後，廣州書生柳夢梅去京城臨安應試，路過南安，偶然拾得麗娘春容，終日與之相伴。麗娘幽魂出現，與之歡會。柳生掘墓，麗娘重生，二人雙雙至淮安求父母許婚。杜寶大怒，視女兒為妖孽，視柳生為盜墓賊。柳得中狀元，上書自辯，得到皇帝承認，夫妻父女團圓。

在這樣的一個故事中，美貌發生了怎樣的作用呢？女方瘦得不成人樣——

「俺往日豔冶輕盈，奈何一瘦至此！若不趁此時自行描畫，流在人間，一旦無常，誰知西蜀杜麗娘有如此之美貌乎！春香，取素絹、丹青，看我描畫。〔貼下取絹、筆上〕三分春色描來易，一段傷心畫出難。絹幅、丹青，俱已齊備。〔旦泣介〕杜麗娘二八春容，怎生便是杜麗娘自手生描也呵！」

這一齣戲中，特別強調男女雙方的時間直覺，由美貌引發的生殖本能極富密度與彈性。端的是一萬年太久，只爭朝夕。「不因他福分難銷，可甚的紅顏易老？論人間絕色偏不少，等把風光丟抹早。」

於是化裝術在這裏顯出其威力：〔照鏡歎介〕輕綃，把鏡兒擘掠。筆花尖淡掃輕描。影兒呵，和你細評度：你腮鬥兒恁喜謔，則待注櫻桃，染柳條，渲雲鬟煙靄飄蕭；眉梢青未了，個中人全在秋波妙，可哥的淡春山鈿翠小。

男角「客中孤悶」，為什麼呢？還不是因為未能與美貌客體發生實際接洽。一個是畫餅充饑，一個是望梅止渴。女方的協作周旋能詩會畫加深了她的美麗的外貌的影響力和持久力，「待小生很很叫他幾聲：美人，美人！姐姐，姐姐！咳，俺孤單在此，少不得將小娘子畫像，早晚玩之、拜之，叫之、贊之」，很真切的欲罷不能。

《參考消息》載文說，美國戰後出生的一代盛行修飾自己的臉面，近二百萬人時興經常注射昂貴的肉毒桿菌素，每週人均服用　一百粒維生素丸。他們是愛慕虛榮的一代，染發，注射激素，吃藥，等等，都是為了日益衰退的青春容顏。譬如電影明星黛米・摩爾為了參演《查理的天使》續集，一次整容即花費二十五萬英鎊，高收入的潮流男士平均每年要花掉近兩萬英鎊，到了不依不饒的地步。

古人男性也化裝。「何平叔美姿儀，面至白，魏明帝疑其敷粉」，其實他真的粉帛不離手，夏天喝湯出大汗。他牽起袖子一擦，面色又轉皎然。古人說他「妖麗本資外飾。」大約平時都已離不開化裝了，成為日常的功課。《後漢書・李固傳》：「固獨胡粉飾貌，搔頭弄姿。」三國志魏書曹爽傳注引魏略：「何晏性自喜動靜，粉白不去手，行步顧影。」《北齊書・文宣紀》：「帝或袒露形體，塗傅粉黛。」則男子傅粉之習，漢、魏，至南北朝都很盛行。

達爾文的論證

博物學家達爾文證明，在古代的野蠻人當中，男人塗畫自己的身體，有時甚至加以傷殘，何故？其最普遍的動機是出於虛榮心，以及為了博取他人的讚美。野蠻人也注重文身，據記載，有一個傳教士詢問當地的少女為什麼要文身，女孩子答曰，我們必須文身，以及畫唇，否則以後別人將視我們為非常醜陋。而男子的文身，則是為了表現其少年之野心。一者是戰爭時易於表現，二者是對婦人增加吸引力。上古的時候，男人的經濟地位尚不如現在那般重要，所以當時的男子修飾化妝往往過於婦人。

據說在西方舊時候的默劇中，要表現一個漂亮女人的意思時，演員就會以手擺動作波浪形。這就是曲線與美的效果，就人體而言，曲線的概念和性的意義密切相聯，儘管服裝行業時高時低，但和文學一樣有所謂永恆的主題，永遠流行的婦女形象還是前凸與後凸的設計，即強調奶子和臀部，像拋物線一樣突起的曲線效果。

化裝術與生俱來

古代的野蠻人讚美種種裝飾品，到了畸形的地步，即今天觀之，那真是離奇醜怪的了。他們這樣做，是出於什麼目的呢，博物學大家達爾文研究證明：是出於虛榮心，欲博得他人讚美的緣故。古人的最普遍的動機若是。古時很多民族的男子都有文身的習慣，且袒露之，那是為了增加對婦人的吸引力，戰爭戰鬥時都不忘顯擺。而且，在古時候，很多地方的男子裝飾的興趣，修飾臉部和身體，要大大超過女性。這是因為女性已經成了男子的附屬品，男子出於自私的特性，竟然不允許女性使用上等的化裝品，像什麼頭部掛件、圖畫、文身、貫鼻、貫唇、貫耳、挫牙等等名堂，都是男子在那裏自己鼓搗。由於這種美的觀念全然集中在自己身上，對婦人的美醜容貌都掉以輕心了，女性即使裝扮，也是作為男人的附屬品，表現其夫的富有程度，這樣一種虛榮。

美國文學評論家、報人門肯曾經很刻薄地說，沒有一個醜人找不到對象，也沒有一部低劣可憎的文學作品找不到讀者。此是極而言之，實情亦然，據德國心理學家研究，長期弱於跟女性身體接觸的男人，隨著時間的流逝，他在選擇配偶或者情人的時候會少掉很多挑剔，所以也和那些平淡、平庸的女性調情。這是因為，人的本性，不大樂意長期孤獨下去，慰情聊勝於無，中國就文人也特別長於此道。在此，醜陋的面相於特殊時分會有所轉進，譬如，在月光裏，在夜色的迷茫中，在酒精的調節下，心理學家布里吉特女士所跟蹤觀察的一個男人，與一醜女人接觸，在酒精的輔助下，他幾乎忘記了他那雙難看臃腫的雙腿，「不管怎麼說，一雙看得過去的雙手她還是有的」，像這樣安慰自己，慢慢地，他自欺欺人地覺察出了她的「魅力」；這和《圍城》中的方鴻漸相似，方氏在月光的籠罩之下，也是為富家小姐蘇文紈迷惑，本來那蒼白的面龐，一下子有了牛乳一樣的光輝和輕滑的感覺，差不多都要難以自持了，當然，他沒有酒精調節，所以，最後，他撒一個謊，逃也似地離開了。

古人對相貌的精神內涵理解相當固執，梁紹壬的《兩般秋雨庵隨筆》言之鑿鑿：「欲富者，貧相也；欲貴者，賊相也；急欲富貴者，夭相也。」就是說，底色和根性是不能改變的，相貌的質地，竟然和「速度」大有關係呢，古人又說，水深流去慢，貴人話語遲，同樣也是在速度上著眼考量。欲速則不達，先天都準備好了，都不需窮忙乎了。所以，就此觀之，化裝註定只作用於表相，雖然，它也可能會「變相」。陝西俗話說，麻袋上面繡花——底子太差。極而言之，美容術只能得逞於一時，因為縱然它有千般粉飾的手法，美貌也不能天長日久，而且，粉飾愈多，色衰越快。但這並不影響美容大軍和刀下美人的產生。假如一夜之間，您那地方美人爆發式地多起來了，不要驚訝，這並不是風水輪流轉，或者天可憐見，而是無形的市場的需求量大為增加了——大部分的女人青春美貌都是化裝出來的。這是社會競爭的方式之一。

化裝與身份，必要與可笑

報紙的娛樂版面，總是連篇累牘的報導大小明星大小美女的化裝癖好。譬如華人的一大電影明星，即有狂戀眉毛的習性，要把睫毛刷得又長又翹，長到可以連到眉毛上，有一陣子她的睫毛掉了些許，其心情即陰風怒號，連月不開……

靠化妝來吸引男人的愛慼，是從詩經時代至今而然的。竭力的打扮化妝，既是一種自然屬性，更是一種社會屬性，若魯濱遜漂至荒島，可怕顧不上修飾，且也無必要修飾。

美貌的生物性，可以說是人類繁衍的根本。美貌的生物性如何？美貌的生物基礎如何？英國的科學家以為女人外貌也反映她們生育能力。就是說和人的種屬反之有內在聯繫。他們拿一組女子照片給男人選擇。結果，他們的挑選，或因骨骼好，或皮膚誘人，或下巴可愛，這些女性的荷爾蒙都比外表平平的女子高，也就是說，她們生育能力強。男人挑選配偶時，可能只注意外貌，不會想到生育能力，但美麗外表背後就是有較強的生育能力。

既是一種社會屬性，那即可謂一種戰爭，對同性和異性都無例外。對同性是排拒和超越，起突出作用，對異性，是吸引，加固，勿使目標逸脫。

眉毛看似小事，然以異性相吸的法則來說，小事也關乎大事……

曼聯前任主帥阿特金森在一次慈善晚宴上說，我難以理解，為什麼中國會有人口問題？他們本來有最好的避孕方法——中國女人是世界上最醜的。此直接不加掩飾的話語，表面他特殊的審美趨向。但他不知道，對生物性的審美嗜好來說，美醜觀念，卻是取徑萬殊的。

愛情的生物基因。令男女吸引的不僅僅是心靈的碰撞，或者愛神施行魔法，而是基因在其中搗鬼。仍然是種屬傳承的生物要求。男女相見後，接下來的愛情遊戲都是在尋找最有利於基因結合、延續以及改善基因的人選的過程。他們且在尋找與自己有著相似之處的人。智利科學家對二百個人進行的試驗中依次展示給他們看後，最吸引這些人的面孔是與自己的父母或其他親人有著相似之處的人。參與試驗的利物浦大學的安東尼•利特爾指出「大腦被熟悉的面孔所吸引」。「基因遺傳會在人的身體上留下某些印記。所以在尋找理想的另一半的時候，人們都是在尋找那個與自己有親近感的人，或者對方身上有自己的影子。因此，一個形象良好的人尋找的是那個能夠保持這種形象的另一半，便從生物遺傳角度將這一形象延續下去，並加以改善」。

至於娃娃臉，美國研究人員說，一張娃娃臉也許可以贏得人心，但贏不到選票。什麼是娃娃臉呢？專家說，娃娃臉在不同的文化地域中相似：圓臉龐，大眼睛，小鼻子，高額頭和小下巴。他們也做了實驗，學生們單憑掃一眼美國國會候選人的照片來判定誰看起來更能幹，接近七〇%的時候，他們挑出了獲勝者。但都不是娃娃臉。

這一不平常的結果，很可能表明「娃娃臉」的弱勢，這又是人類先天的勢利在暗中支配了，但仍然與生物性背景密切相聯。

娃娃臉不屬於美貌範疇，所以，不特在社會生活如選舉中吃虧，就是在種屬傳承的過程中，也相當的滯後。

人們在對方身上找到與親人相似或自己熟悉的某種氣味、面孔或表情時，身體內就會產生大量激素，使之興奮，促使其進一步行動。於是相貌往往和一個人的行為方式相聯繫吻合，進而定型。他人觀之則視為行為其方式，予以認定，由此影響觀感和判斷。於是相貌類型生焉。

俞平伯一九八二年日記，說是得他家親戚書信，為新儒林外史之打油詩，形容幾個現代文人學者的面貌。詩云：

元任雍容爾雅，志摩俊俏風流。
寅恪古貌古心，志希怪模怪樣。

熟悉他們的人，相信在這樣的描述中，可以引起親切久遠的懷想。

所以，當尤先科中毒而導致面容惡變後，引發政經大動盪。他說：四千八百萬烏克蘭人民和我自己都不能適應現在這個面容（烏克蘭總統尤先科在達沃斯世界經濟論壇上宣佈，他將求助於美容術恢復自己的容貌。）民眾的訴求，其實敏感到外貌的細節上面，因這一切，和人生的大事有千絲萬縷的聯繫。

唐人姚汝能寫的《安祿山事蹟》記唐代寵臣安祿山，「晚年益肥，腹垂過膝，自稱得三百五十斤。每朝見，玄宗戲之曰：朕適見卿腹幾垂至地。祿山每行，以肩膊左右抬挽其身，方能移步。玄宗每令作胡旋舞，其疾如風……」

祿山是如此一副尊容，恩寵卻有逾太子，但他後來卻做了唐朝拆臺的大主角，出乎意料。他以戰功起家，但他的相貌體貌如此不堪，唐玄宗難道有特殊的審醜的嗜好和心理麼？相貌的好感與惡感，說來真是又玄妙又微妙。

化裝並不是一定塗脂抹粉，內心機竅的運作才是可怕的化裝。《開元天寶遺事》卷下，載李林甫「雖面有笑容，而肚中鑄劍也」，可怕吧？李林甫疾賢妒能，陷害他人頗有一套，但他不特面帶笑容，甚且甜言蜜語，令人防不勝防。初與之交稍一不慎，即為其所陷，很多人吃過他的虧。專制的構架之下，此種東西特別盛行，因有市場，所以其術在逆向淘汰中精密異常。外在笑容的下面、背面、裏面，藏著狠戾險惡，有經驗的就能在其外貌背襯看出並無和氣的殺機。

Chapter 7

司馬遷的感歎

司馬遷的《史記・遊俠列傳》寫郭解，頗有感慨。他說在他看來，郭解「狀貌不及中人，言語不足采者」，但是天下不論好人還是混蛋，有知識的還是愚昧的，都仰慕他的聲名，說到遊俠的高人，都要舉他的例子來說事兒。人的容貌名聲，那有一個盡頭呢？人的容顏青春，經不起時間的折騰而慢慢衰落，聲名榮譽，作為人的精神的外衣外飾，就與時間同在了。司馬遷是用容貌來反襯其作為。郭解為人，既以個人之力，解決了一些社會矛盾，同時也濫殺無辜，搞酒色財氣那一套，作威福，結私交，以強橫的姿態應世。司馬遷特別說他容貌很一般，甚至略等醜陋——「不及中人」，可是這樣的人在社會上呼風喚雨，相當的吃得開，其餘人等，卻就「未敢翻身已碰頭」了。那麼，很明顯，社會的治理機構有病了，甚至病入膏肓，方才造成這樣的支離局面。

相貌的特殊性

美貌的力量如此強大，如此讓人傀儡一般受其支配，不為美貌所迷惑的男人少到鳳毛麟角。但也有旁逸斜出的人事。有的人或有的類型竟不受其影響，對此，上個世紀初葉的英國某小說家打趣說，「什麼是高級知識份子？就是發現了比美貌女人更讓他感興趣的東西的男人。」這話很有點殘忍，也很逗趣。肉體的曲線美都不能打動他們的頭腦生活，他們竟然能如此昇華如此超度，滾雪球似的改變其生物性，真要讓人無休息的讚頌呢。這是打趣男人的，大名鼎鼎的德國哲學家尼采，他可就反其道而行之，從同樣的角度指斥女人，他說「一個女人若是成了學者，則通常是她的性器官出了毛病。」等於說，男人在女人的眼睛裏面看到了大英博物館，他同時也看到了恐怖。

野合之子出眾

至於什麼樣子的小孩或人的先天有可能的得到美貌和智慧，那就是在心靈應和的基礎上所產生的結晶。蔡元培先生一九〇〇年所訂立的《夫婦公約》大膽肯定野合之子，「野合之子所以智於家生者」乃是由於心交的緣故，因為他將男女關係定位於目交、體交、心交，特別強調心交，因為在此基礎上，夫婦同心，兩情融洽，體能和激情都處於最高點。野合之子可能出類拔萃，其原因在此。

苦難中的美攫人心魄

作家黃河清採訪的一個故事——在閒聊時，他曾提到戴厚英的《人啊人》中的一個故事細節：右派的妻子千里迢迢到勞改場探望丈夫。丈夫剛死。妻子將帶去的餅乾、煉乳用嘴於到丈夫口中以盡心意。未料，丈夫活過來了。採訪對象老淦所述說更為精彩：我在勞改場時見過這樣的事，連細節也一模一樣。當時我們每天的糧食定量是二十六顆蠶豆，一隻歐米加手錶只能換五十顆蠶豆。在野外打柴刨地時經常挖到埋得很淺的屍體，都是餓死的。其實，那時餓死的人，只要灌點米湯糖水什麼的，都是能活過來的。我只是憑著年輕、取巧活過來了。就是那個用歐米加手錶換蠶豆吃的傢伙，一所什麼大學的老師餓死了的那天，正好他老婆來看他。因為剛死，屍體還在床上。掩埋是我的任務。勞改場領導領著一個女的來看屍體。

那女人三十來歲，短頭髮，很漂亮，不看任何人，不說一句話，只看她床上的死丈夫。然後回身對著勞改場領導，還是不說一句話。這給我印象很深。那領導還算有點人性，知趣地轉身走了，招手讓我過去，交待我等那女的走了後把屍體埋了。我潛意識地在門口看著那女的。

那時看死人已看得麻木了，談不上什麼同情。只是她的不說話、不哭、不流淚，給我的印象很深；再加上她很漂亮，可以說是美，一種冷豔的美。我那時已很久很久沒看過美的女人了。我是喜歡美的。我的潛意識裏恐怕有這樣的成份。

我：「你沒主動同她說話嗎？」

老淦：「沒有。我不想破壞那種氣氛。我對她有一種尊重和敬畏。我幫她打開了桔子罐頭，還記得那罐頭是梅林牌的。整個過程都是無言的。我遠遠看見她想開罐頭，但沒法開，就過去幫她開了。她沒請求我，也沒拒絕我。開罐頭時，我自言自語地說了三個字『餓死的』。她明顯地抬頭看了我一眼，就旁若無人，喝了一口罐頭桔子水，度到死丈夫的嘴裏。她的死丈夫就是這樣被她用桔子水和綠豆糕喂活的。她丈夫活過來後，她對我說了兩個字。」

我：「謝你啦！」

老淦：「不。她說的是『好人』。他握著丈夫的手，又看了我一眼，說了『好人』這兩個字。這兩眼和這『好人』兩字，讓我既受用又不是滋味。她不知道，正是我從伙房偷來的五十顆蠶豆換走了她丈夫的歐米加。我之所以冒險偷蠶豆換手錶，是為了計畫中的逃跑計時用。也許正是這五十顆蠶豆延續了她丈夫的生命，使她能見到丈夫的屍體。我只能這樣來安慰自己、欺騙自己，不然，我總覺得不是味道。女人比男人偉大，她丈夫有福氣。這樣的女人是天使。我這一生再沒見過比她更美的女人了！」

這是苦難中的美，其對記憶而言，那是刻骨銘心的。

美也有其負面。通常的眼光是，漂亮的人交不到真誠的朋友，並更有可能尋機離婚。靚女被認為不大可能做個好母親，美男則不論喜歡什麼，人們都會對他們的選擇抱以懷疑。美被人詛咒為平靜的擾亂者。威廉・巴特勒・葉芝向安妮・格雷高里謝罪說：「親愛的，只有上帝才會只愛你本身，而不愛你的一頭金髮。」

當人們以容貌來判斷一個人的正直、敏銳、關心他人這些品質時，美麗不一定不佔優勢。一張流露出善良與同情的臉龐也許並不美麗，而美麗的臉可能顯得孤高、冷漠、傲慢或自私，但仍不失其美。蒙田說：「有的面孔是慈善的。在一群素不相識的敵人面前，你能在頃刻之間挑中其中一個人而不是他人，向他投降，將生命託付於他，在這裏是完全不考慮這個人是長得美還是不美的。」但是，就是蒙田也得出結論說：「面孔是蹩腳的保證書。」就算蹩腳，它還是不依不饒的左右人的行動。

面容是最關鍵的第一道關隘。其實人的審美心理，乃是全盤觀之的。只是相貌首當其衝罷了。魅力由相貌而至全身，英國諺語說「she was a lady to her fingertips」，意為「它渾身都是淑女」（連指甲尖裏都是）尤物之尤，此之謂也。

男女對罵是非難定

男女對罵是非難定，也關乎相貌關乎人性。兩性之間齟齬甚多，有時我們難免被一些字樣所迷惑，像什麼：耳鬢廝磨，情投意合，兒女情長，舉案齊眉，海枯石爛，海誓山盟，如膠似漆，琴瑟調和……

更絕的是「枕前發盡千般願，要休且待青山爛，水面上秤砣浮，直待黃河徹底枯。」一出語鏗鏘有力，催人迷醉。真是這樣，也謝天謝地了。可惜事實是男女相罵，從來就未曾一日稍息。男女的對罵是有淵源的，印度十一世紀的古書《故事海》有一篇叫做〈男性與女性誰更壞〉，說是有一隻鸚鵡和一隻眉納鳥，被天神貶謫下地，分別請摩揭托王子和王妃做僕人。

有一天，兩隻鳥爭論男女好壞的問題，請王子做仲裁，眉納鳥說，她看見一個男人為了獨吞他岳父的財產，把妻子哄騙到懸崖邊上推了下去，竟然遂了心願，所以男人心地歹毒。鸚鵡說，他看見一個女人不安於室，半夜偷情，被死鬼掐了鼻子，赧然自慚，無顏見人，回來看見丈夫酣睡，心生一計，撒潑說是丈夫殘忍取樂，掐了她的鼻子。所以女人歹毒。

王子左思右想，沒有定論。不久鳥們給招回上天，於是關於男女好壞的爭論，就成了懸而未決的疑案。

古代女子的最大隱衷，乃是男人的用情不專。此一點，是他們難解的心病。所以攻擊的重心，乃集中在薄情郎和負心漢身上。實則雙方都眼波才動，旋又琵琶別抱了。當然，男女的對罵，是源於人性這本大書耐讀，敏感的人加以提煉，就顯出心志的輝光。現代女人罵男人似乎要比古代少，相思如滿月，夜夜減清輝，那是古代女人的專利。現代的女人忙得很，要費盡心機調教男人，則無暇也無心思念，並且選擇時裝已經眼花繚亂，選美時又要同別的女人爭寵鬥智，互相有切膚之痛，況且對於窮男人，她們不屑一罵，對於富有的男人，卻又不願罵或不敢罵。可見她們的不罵男人，倒並非出於語言的慳吝或性格的憨厚。唯有張愛玲所下的斷語，頗耐思索，她說，「以美好的身體取悅於人，是世界上最古老的職業，為了謀生而結婚的女人全可歸於此；這也毋庸諱言——有美的身體，以身體取悅於人；有美的思想，以思想取悅於人，其實也沒有多大的分別。」

說臉貌與人生的關係

臉貌與人生的由來大矣哉。臉是人類日常生活裏最常見的一種東西。陰沈的臉，歡喜的臉，做作的臉，憂鬱的臉，生動的臉，古板的臉，兇殘的臉，和善的臉，紅臉，白臉，甜臉，高深莫測的臉，簡單平淡的臉，脅肩讒笑的臉，不可一世的臉，飽經滄桑的臉，無可奈何的臉，有的臉充滿威脅，有的臉洋溢苦惱……臉是公正，心理內容都寫在上面；臉最多變，時常令人捉摸不透，有的臉笑容可掬，卻是陷阱，有的臉漠然如水，早已絕望。

找工作，要看臉面，臉是背景；打狗，要看主人臉，打錯了，就要吃苦頭，臉是身分；一闊臉就變，臉是信號；不可貌相和可以貌相，臉是徵兆，紅尖擾攘，人們終日奔波，為稻糧謀，為飲食男女，神疲力憊，苦不堪言，有的人忍受了好多難以形容的屈辱和磨難，面如核桃殼，畸曲佝瘺，一輩子如牛負重，糟踏了自己的臉，結果大半還是為了一張臉，因為臉的別名就是面子；莘莘學子，青燈黃卷，強打精神，捧讀教科書，枯燥無味，念念有詞，有口無心，浪拋青春，甘作現代科舉的犧牲品，說穿了也無非是為了這張臉，因為臉是門面，就像新開張的商店，都要描金填銀，悉心修飾，刻意裝點，因為要與眾不同的門臉！現代時裝業小姐，更是要為自己的一張臉貌作精心的美化，因為她的臉不僅是自己的衣食父母，而且是她精神世界的全部。美容術的發達最愛她們歡迎的了，美容術的工藝手段，是她們參與競爭的後備軍，當今世界第一名模，二十一歲的克羅地亞·雪佛就認為美容術幫助女孩子實現了她們的夢想。最近她和美國一家化裝品大托拉斯簽訂了高達一千萬美元的合同，一下子成了新聞人物，可能更要悉心保護自己的臉貌。美容術早在古代埃及就被婦女看重，於今未稍衰。臉貌是重要的，美容術常常創造奇蹟。

有的臉生來受人喜歡，像《圍城》中唐小姐的臉：「唐小姐嫵媚端正的圓臉，有兩個淺酒窩，彷彿是好水果。她的眼睛並不頂大，可是靈活溫柔。」有的臉令人一見之下心情不快，像《圍城》中曹元明「圓如太極的肥臉上泛出黃油，其實最招人厭惡的臉是像林語堂先生在〈八十自序〉中所說的小政客的臉，林語堂先生說他只要見到這樣的臉就要立即避而遠之。人的臉貌是美醜的集中表現，有經驗的人可以從臉上揣摩其心理內容，不是一星半點，準確率甚至可達十之八九。有那種個性，就有那種臉貌，相面術從臉貌來揣測性格，並非空穴來風。古俗諺雖然說：「知人知面不知心」，卻又說：「人心不同，各如其面」。林黛玉行動像弱柳扶風，她的臉就只能是古典的病美人。李逵的臉貌粗獷，和他性格的焦躁相吻合，若是給他安上一張小白臉，就會不成樣子。叔本華著《觀相論》嘗謂：「臉貌實如象形文字可以解讀出來。臉貌是心理語言的摘要。」他甚至很肯定地說，要斷定哪個人是未來的思想家，千萬不要選擇那些腸肥腦滿、臃腫癡肥滿臉俗氣的對像。滿心小氣、狹隘、利己、專打壞主意的人，他也斷言他們不會有好相貌。看似無據，其實有理。一個使你厭惡的人，總能在他臉上找到弱點和可憎之處。

有的臉貌能使很多的人迷醉。像獲得一九五三年奧斯卡最佳女演員獎的美國名演員，以窈窕淑女著稱的奧黛麗・赫本，不僅演技出眾，臉貌也能為大眾喜歡，她演活潑的小女，演儀態端莊的上流貴婦，演清靜的修女，胸貌變換都能恰如其分，優雅動人，她一生矚目兒童救援事業，不辭勞苦，身體力行，不但讓億萬觀眾傾倒，還贏得世人的愛戴稱道。最奇妙的是古代雅典時期的藝術妓弗麗娜的臉，當時她被雅典執政官公開審判，愚蠢的公眾大叫處死她，在這千鈞一髮的時刻，辯護人取下了她的紗巾和唯一的外衣，法官和公眾驚呆了，斯拉維伊科夫的詩寫道：「臉貌和形體／放射出靜謐清麗的光彩／怒吼的群眾／倏忽間啞口無言。」群眾雖愚，到底還是被美征服了，最可憎的是道學先生，像理學家朱熹之風神搖曳的嚴蕊，普法戰爭時的舊貴族之於羊脂球，教會頭面人物克洛德之於吉普賽女郎愛斯梅拉達，這些人是美的敵人，他們的臉貌或許和善、高貴、冷峻，這種臉貌，的確是一種真正的面具，背後藏著不可告人的隱私陰謀，最富有欺騙性，叱吒風雲的名流在密室內可以拉下臉來調戲婦女，上下其手的大腹賈常常在暗夜裏涎著臉密謀玩火，門內門外，臉貌如此不同，說來可怖。

文人的相貌

文人之於臉貌的好惡很有意思，金冬心作〈團硯銘〉說「硯如此不惡，面如此便俗」，使人想起曹元郎那張臉，確實討厭；詩文貴圓成，道理貴圓通，妙語貴圓轉，可是人臉圓團卻不堪忍受，不知根據何在。冬心先生的〈雜詩〉謂「聖代空嗟骨相臒」，令人想到郊瘦島寒，有一番不堪的酸瑟情狀，不無不扼腕三歎，這其實是在說臉貌透露的氣象；〈閒情賦〉中那個沒有出場的女子我們不知道她的臉貌，但從陶淵明先生願意作她的袖子、衣帶、鞋子種種綺思妙想來看，臉貌肯定不惡。文章與容貌之關係，李白，他要狂歌笑孔丘，他要高力士脫鞋，他決不摧眉折腰侍奉權貴……想像中應是屬於開朗的面容，外向的面容，但時間已逾千年，難以確指。因為詩風寒瘦的賈島，據說是個大胖子。近現代文學，郁達夫是清瘦的臉形，臉上透露的氣息，是深沉而繚繞著揮之不去的苦惱。徐志摩並不是濃眉大眼型的帥哥，卻是中國最典型的文藝美少年，外型斯文加上飽讀詩書的書卷氣質，已經有八十分，再加上濃得像糨糊的《愛眉小札》，在浪漫的時代很受歡迎。現今生活無虞的地方，徐志摩還能迷倒讀書少而執迷不悟的女子。

至於古代的在野文人，他們的臉相，那是和地理、居處環境大有關係，我們聯想到茅屋三椽，蕉蔭一榻，或者想到「我是個村郎，只合守棚窗、茅屋、梅花帳」這樣的意境，那麼，對他們的長相，也就有一個大體的把握。如果繪成油畫，那大抵是偏向冷色調的。

沈從文是相書上說的土形臉，他的自負，輕易不大表露，但一旦有所流露，那就很堅定。新披露他的私人書簡：「說句公平話，我實在是比某些時下所謂作家高一籌的。我的作品會比這些人的作品更傳得久，播得遠。」他曾經是何等的自信啊，然而，到了文革專制的黑暗時期，他的面容已經變得悲憤木然了；他半天才說一句話，他曾經對他的高足汪曾祺說：「我對這個世界沒有什麼好說的！」想想他年輕時候的意氣風發，到晚年……真叫人不寒而慄。這也有點像瞿秋白，生命的盡頭，一切都那樣虛無，也是悲憤兼木然，他引得幾句唐詩：「落葉寒泉聽不窮」；只說得一句話：「中國的豆腐，世界第一。」朋友，試設身處地投入地想像一下，這句彷彿不著邊際的話語，裏面包含的酸楚況味，同樣叫人揪心扼腕。

這些，都寫在他最後的照片上，情形深遠莫測。

魯迅的相貌，尤其到晚年，像刀刻一般，十分冷峻，這與他峭拔的文風相近。胡適面相飽滿平和，精力充沛，與其文風相似，坦蕩、坦白；魯迅氣質較適合中短篇，或單篇文章，所謂匕首和投槍，像別動隊一樣，迅速利索，身手不凡；胡適的氣質，則遠大浩博，儲備厚實，像野戰部隊，但有時候流於囉嗦。這是從他們的面相就可以猜測一二的。魯迅的眼光透著涼氣，內熱外冷，面相更近於木刻。胡適的眼睛大而有神，額頭高而闊，林語堂先生說他的相貌既不像養尊處優的老爺，也不是沒有福氣的瘦馬之相，到是有一種青白氣息，「是他燈下用功的痕跡。他毫無陰險氣，嘴唇豐滿常帶著幽默達到蹤影。倒可以令佳人傾心。他的悟力極敏銳，你說上句他已懂得下句了。」這是何等的具有吸引力！另如余光中先生那樣的面相，乍見之下，即可感到其洋溢著的睿智，深遠靈異的目光，冷峻的面頰，整飭的頭顱，敏感的神情，在在透露他的機智，他的客人在他家得到外間罕見的「語言招待」，他的好友思果先生說他「全身每一錢肉都是腦子」，他的頭腦好像是專門生來說趣話的。

臉貌或可憐或可悲或可回味，甚至平庸如憮憮無生氣的石膏像，都可驚囿，惟有一種臉最不討人喜歡，那就是奴才的臉，無論怎樣裝點，都免不了棲棲遑遑，今天依靠權勢在這裏媚上欺下，百般賣弄，一旦權傾勢覆，旋即捲席他往，另尋門戶，那張臉也不得不為討好新主人而賤態可掬。這類人變起臉來比川劇中的變臉特技還要迅速。休說厭憎使人焦躁，夫妻之間的臉該是相互見得最多的臉了，變起臉來，讓人想都想不到。比蕭邦大六歲的喬治・桑當年追求蕭邦情不可遏，相處多年後，戀情淡得不能再談，他整天練琴，偶爾發點牢騷，她說她簡直成了他邪惡的牧場，最後一次見面，看對方的臉像看一塊冷漠的石頭，兩人相對無言：

「好嗎？」

「好。」

男女相貌的好感和惡感

男女相貌，又在在關涉到人生的好感和惡感。相貌與人生真有著難以捉摸的關係，因相貌而改變命運的實在不少。《紅樓夢》中的嬌杏丫頭，只因大人物賈雨村憑窗遠眺時她在窗外偶然一回頭，便徹底改變並結束了她的僕人的生涯，所以作者有詩歎道：偶因一回頭，便為人上人。

相貌與人生的關係，實在又是起源於好感與惡感的分水嶺。現代文學史上新月派內部，名詩人朱湘和徐志摩兩人鬥得像烏眼雞，互相憎惡，互相奚落，你是我非，搬弄口舌，頗為熱鬧了一陣子。最後以徐志摩的飛機失事身亡和不久以後的朱湘的投江自戕而結束。但是朱湘之憎惡徐志摩，似乎還不僅是同行的嫉妒，他一直對徐志摩的相貌耿耿於懷。他說：「瞧徐志摩的那張尖嘴，就不像作詩的人！」尖嘴的人不配做詩，道理在哪裡，實在讓人納悶，但是人和人之間的惡感有時確乎由於相貌的肥臉。深思明辨的西哲叔本華曾經寫下一篇著名的《觀相論》，可摘之句很多，他說：「人之貌實在如像形文，意蘊顯明。容貌乃心語的摘要。吾人對於陌生者之印象，初以厭惡居多，惟有少數美善面目可予人愉快。世人因個性之粗俗，鄙陋，面目神色多冷漠、寡情。高人隱士每以會見生人為苦，實因避陌生面孔如避仇人。」的確是關乎痛癢的話，刺激了人心的某些方面的事實。

由相貌而起的好感與惡感的產生，如同人的投胎是先天決定一樣，幾乎是宿命的，美容術不過是一種可憐的作假的功夫。但是這種功夫受歡迎的程度也可以說明人的看重容貌，僅次於為稻糧謀。似乎相貌醜陋的人創造精神產品往往有驚人的成功，文字風格獨闢蹊徑的作家廢名，周作人說他的相貌奇古，額頭如同螳螂。而影響了幾乎整整一代學子的早期清華大學教授吳宓，他的「腦袋像一顆炸彈」，「一對亮晶晶的眼睛像兩粒炙火的煤球」。

像奧諾麗納（巴爾扎克小說人物）那樣，讓人一見就在靈魂中以為是「一朵天國的幽花」，或者像賈寶玉那樣一見到林黛玉就無法自持，就彷彿「先前竟然見過一般」的，就佩服得不得了，就傾心得不得了的，究竟還是特定環境中的少數。而林黛玉的相貌「態生兩靨之愁，嬌襲一身之病，淚光點點，嬌喘微微，病如西子勝三分」則使讀者彷彿看到了她，不但看到了她，還似乎看到了她的命運，看到了她的並非坦途的人生之路。

同樣，曹操身後，他的妃子們命運多奇慘。曹操當然知道因為她們的美麗和曾經有過的地位，不會有好的機遇等待她們，彌留之際囑咐她們要悉心練習女紅，以求得一條謀生之路。她們的悲劇，實在就在於她們的美貌。寂寥古行宮，紅花怒放，沒有人來，唐玄宗更不會來了，只有幾個倖存的宮女，已經白了頭髮，還寂寞地坐著，有一搭無一搭地談論玄宗的往事。她們的悲劇又源於什麼呢？直接的前臺的原因無非也是美貌。

美貌的悲劇到底還在於它的美，而醜陋的面孔呢，那真是使人多看一眼就會覺得褻瀆了眼睛，心胸狹隘、利己妒嫉的人，專打壞主意的陰謀家你怎麼能期望他有更好的面貌」心胸醜陋的人，必然移心跡於面容，只是他們往往善於偽裝，常常難以覺察罷了；明眼人卻能了然於胸。錢鍾書先生的小說〈貓〉中有一個男人曹世昌，舉止過於女人味，一個男人居然會那樣扭捏作態，好多人不耐煩，「恨不得把他像無線電收音機似的撥一下，放大他的聲音。」薄寧《蘇霍爾多》中有一個僕人，「嘴巴過於碩大，大得碰到了耳朵，哪怕用線把它縫小些也好」。這種容貌帶來的厭憎是固執的，林語堂先生說他極不喜歡那些小政客，避之惟恐不及，乃是因為「我討厭他們的那副嘴臉」！語頗解頤，也很沉重。

品味大自然的「相貌」

拉雜迴環，就人的相貌語怪搜僻，子虛烏有，一葉障目；欲脫膠柱鼓瑟，不妨引而申之，品味大自然的「相貌」——

長夜煢燭，一燈瑩瑩，人在都市鋼筋水泥的森林裏，像一顆悄然無聲息的浮漚，有慘悴之容，無歡娛之意。世俗生活的毀人，生趣的消弭，是驚人的。曹寅說：「駕馭氣每厲，馳驅樂久無」，即感此意而發。這時候讀讀《中國植物圖鑒》之類書，聊可釋懷。彷彿春山雨霽，滿鼻皆新綠香，而策仗獨行，隨流折步，意態閒閒。拿這些紙上的花草樹木來培養詩意文思，比之讀當時末流文人的乾嚎，效果要好得多。若謂野牡丹：葉橢圓形，有短柄，對生，葉面多粗毛，有五條縱行粗脈，夏日，莖梢出短梗開花，花瓣五片，形大，淡紫色，頗美麗。以上說形態。又說它的生態，則謂：長綠灌木，山野自生，分佈粵閩川等地。縱目讀下去，那些圖繪也隨文字活躍起來，彷彿是在深山的更深處，蟲聲清越，濃翠濕衣，空山無人，水流花謝，感覺很舒服。這樣的書，其實也就是詩了。比起當世詩歌刊物上的一些囈語來，其差異不啻天淵。蒲松齡翁的小說《賈奉雉》說這賈生學富五車，腹笥充盈，見識也高，卻屢考不中，後來從友人勸，以不可告人之啖譫言妄語連綴成文，卻因此輕薄不通的譎詞閒扯而高中，連他自己也頗感意外。今世之某些文論、詩歌、隨筆也多類此，雖萬千生靈之命運，而不知表達敘寫，離興觀群怨之旨，越發遠矣。讀之徒增精神紊亂，何苦呢？遠不如植物圖鑒之類逋峭，生機盎然。

雖置身現代，舟車之利遠過古人，染於自然風景的疏離，也過於古人。比起三百多年前的徐霞客來，遜色多了。清寒計程車子，俗塵萬斛，哪有好壞？更以果腹尚屬難期，而舟車便利，也非能隨意假借，故比之有轎夫隨行的弘祖先生來，吾儕只好低眉長喟了。「避暑分居，荒傖無度，科頭跣足，日伍村農，頗有溪山，足供遊眺，唯於風清露白之夜，偶憶故人，輒不勝天各一方之感耳」。這是陳布雷寫給胡寄塵的信，讀這樣的文字，真可以不必親臨溪山了。這是風景引發的人生悲憫。徐弘祖說：「涉澗而南，透峽西出，則其內平窪一圍下墜如城，四山回合與其上，底圓整如鏡。得良疇數千畝，村廬錯落，雞犬桑麻，俱有靈氣，不意危崖絕蹬之上，芙蓉蒂裏又現此世界也。」「乃得引水之塍，其中俱已插秧遍綠；峽中所種，俱紅花成畦，已可采矣。」看來弘祖先生已融化為自然精靈的一份子了。為道所親歷，他是不避文詞繁麗的。更不失質實詳密之體。他的形容物態，摹繪情景，都做到雅麗自賞，足以移動人己之情。除了可以怡悅自己的心眼，更可持贈我輩後來者，在如此文字氛圍中，似已不必多事親涉山水之間了！

深山大澤，流峙終古，乃天地法像示人之自然文采，其中有真意，有大美，然而雪泥鴻爪轉眼雲煙，百年之期若瞬，更兼手足之力有限，故陶寫胸次，莫過於紙上的風景。《莊子》說：「虎豹之文來田。」是因炳蔚之文采，招來田獵之禍。可見文采，無論自然天成，還是心靈所造之文字，確有一種牽動心目的本質內在力量。況今日後工業社會，人類自誇文明，而種種排泄污物、濁穢、臭氣、垃圾，重噸如山，卻悉數加諸自然之身，土地羞蒙，山川變色，創痍滿目；淨土靈境，實已至難尋覓。故欲出塵之胸襟，賞會山水之心情，亦唯餘紙上逍遙一途了。陵谷變遷，魚龍曼衍，有什麼法子可想呢！

紙上的風景，搜剔幽秘，如人飲水，冷暖自知。歐洲小說，自夏多布里昂，描寫風景，成為一時風尚。雖游離主題之外，卻自有妙趣。五代後蜀時期編選的《才調集》，他就相信文字詞采，其韻之高，可比桂魄；其詞之麗，可勝春色。陳從周一部《說園》，議論周匝，文字雅俊，縮龍成寸，點綴疏密，不啻一部胸中之園林。微雨小窗，草木蒼然，蘇東坡時代的風景，今天已難實指，而其文字心情，仍可一貫。夜來風雨一燈，閉戶讀書，翻開全唐詩，光是看看題目，也就很有意思了。〈塞路晚晴〉、〈春晚旅次有懷〉、〈秋宿湘江遇雨〉、〈寄鄰莊道侶〉，漢字天然的組合，意境深深，惹人沉吟叩彈。看來紙上的風景，一半是大自然，一半是文字奇妙組合產生的韻味。魏晉詩歌雖窺情風景，鑽貌草木，太過重視形似，然在一番雕琢研磨之中，文字的神理，悄然潛伏下來。故雖看若形似，而文字越前年，實形神俱在。顧長康說會稽山川之美是「千岩競秀，萬壑爭流」。多少年又多少年，山川非復舊時容，而此文字定格的自然之美卻靈性長存不滅。文字意境，其勾勒渲染，所予人者，甚至過於自然本身。可以說，自然山川是第一自然，而文字所表現的自然之美，是第二自然。品藻紙上的風景，是復活了兩種自然的滋味，咀嚼不盡，傳之久遠。更妙的是英國十九世紀文論家羅利（Raleigh）拿風景來形容文字奧妙「It is this obscure thicket , Overgrown with weeds , Set with thorns , and haunted by shadows , this world of words 。」（文字世界，這塊野蔓縱橫，荊棘密佈，精靈出沒於其間的陰翳叢藪呵！）看來有前定宿緣。而漢字融合具象、抽象、想像於一體的藝術特性，恐怕更是首當其衝，培養胸中的山水，求諸故紙已很可寶貴了。

蘇東坡宦遊之際多在淮、浙之間，後又以龍圖學士出知杭州。老百姓喜歡他的行政方式，而他則樂其湖山水色。有一次他路過杭州壽星院經停休息，恍然之間覺得好像與這裏的風景在前生就已經相識似的，好像上一輩子就已經親身遊歷過了。這是真正吃透了山水的精神，是不折不扣的山水知己。大自然的面目翕然自來親人，端的是「我見青山多嫵媚，料青山，見我應如是」。山水爽朗清潔的氣質，灌注在人的形象中，應是坦誠磊落，光風霽月那樣一種面目的。山水當為之增色，而人的精神得其滋潤，這樣的胸懷，是何等樣的深度何等的脫俗啊。

新銳生活　PE0018

新銳文創
INDEPENDENT & UNIQUE

長得正很重要？

——外貌影響人生宿命實例剖析

作　　者　伍立楊
主　　編　蔡登山
責任編輯　蔡曉雯
圖文排版　楊尚蓁
封面設計　陳佩蓉

出版策劃　新銳文創
發 行 人　宋政坤
法律顧問　毛國樑　律師
製作發行　秀威資訊科技股份有限公司
114 台北市內湖區瑞光路76巷65號1樓
電話：+886-2-2796-3638　傳真：+886-2-2796-1377
服務信箱：service@showwe.com.tw
http://www.showwe.com.tw
郵政劃撥　19563868　戶名：秀威資訊科技股份有限公司
展售門市　國家書店【松江門市】
104 台北市中山區松江路209號1樓
電話：+886-2-2518-0207　傳真：+886-2-2518-0778
網路訂購　秀威網路書店：http://www.bodbooks.com.tw
國家網路書店：http://www.govbooks.com.tw

出版日期　2012年1月　初版
定　　價　280元

Printed in Taiwan

國家圖書館出版品預行編目

長得正很重要？：外貌影響人生宿命實例剖析 / 伍立楊著. --
初版. -- 臺北市：新銳文創, 2012.01
面；　公分. --（新銳生活；PE0018）
BOD版
ISBN　978-986-6094-37-8（平裝）

1. 面貌 2. 傳播心理學

177.1　　100022908

讀者回函卡

感謝您購買本書，為提升服務品質，請填妥以下資料，將讀者回函卡直接寄回或傳真本公司，收到您的寶貴意見後，我們會收藏記錄及檢討，謝謝！如您需要了解本公司最新出版書目、購書優惠或企劃活動，歡迎您上網查詢或下載相關資料：http:// www.showwe.com.tw

您購買的書名：________________________________

出生日期：________年________月________日

學歷：□高中（含）以下　□大專　□研究所（含）以上

職業：□製造業　□金融業　□資訊業　□軍警　□傳播業　□自由業
　　　□服務業　□公務員　□教職　□學生　□家管　□其它______

購書地點：□網路書店　□實體書店　□書展　□郵購　□贈閱　□其他

您從何得知本書的消息？

□網路書店　□實體書店　□網路搜尋　□電子報　□書訊　□雜誌
□傳播媒體　□親友推薦　□網站推薦　□部落格　□其他__________

您對本書的評價：（請填代號　1.非常滿意　2.滿意　3.尚可　4.再改進）

封面設計____　版面編排____　內容____　文／譯筆____　價格____

讀完書後您覺得：

□很有收穫　□有收穫　□收穫不多　□沒收穫

對我們的建議：________________________________

____

____

____

請貼
郵票

11466
台北市內湖區瑞光路 76 巷 65 號 1 樓
秀威資訊科技股份有限公司 收
BOD 數位出版事業部

（請沿線對折寄回，謝謝！）

姓　　名：________________　年齡：______　性別：□女　□男

郵遞區號：□□□□□

地　　址：________________________________

聯絡電話：（日）________________（夜）________________

E-mail：________________________________